Springers
Angewandte Informatik

Herausgegeben von Helmut Schauer

Datenbank-Design

Hermann Kudlich

Springer-Verlag Wien New York

Dipl.-Ing. Hermann Kudlich
Wien, Österreich

Das Werk ist urheberrechtlich geschützt.
Die dadurch begründeten Rechte, insbesondere die der Übersetzung, des Nachdruckes, der Entnahme von Abbildungen, der Funksendung, der Wiedergabe auf photomechanischem oder ähnlichem Wege und der Speicherung in Datenverarbeitungsanlagen, bleiben, auch bei nur auszugsweiser Verwertung, vorbehalten.

© 1988 by Springer-Verlag/Wien

Printed in Austria

Mit 177 Abbildungen

CIP-Titelaufnahme der Deutschen Bibliothek

Kudlich, Hermann:
Datenbank-Design / Hermann Kudlich. - Wien ; New York : Springer, 1988
 (Springers angewandte Informatik)
 ISBN 3-211-82018-3 (Wien . . .) brosch.
 ISBN 0-387-82018-3 (New York . . .) brosch.

ISSN 0178-0069
ISBN 3-211-82018-3 Springer-Verlag Wien New York
ISBN 0-387-82018-3 Springer-Verlag New York Wien

Vorwort

Bei dem Versuch, den härter werdenden Wettbewerbsanforderungen mit Erfolg zu begegnen, setzen immer mehr Unternehmen auf den integrierten Einsatz modernster Informationstechnik. Ob in Marketing und Vertrieb, ob in Fertigung und Logistik, ob zur effizienten Abwicklung von Bürotätigkeiten oder zur qualitativen Verbesserung von Managemententscheidungen - die konsequente Nutzung vollständiger, aktueller, richtiger und jederzeit abrufbarer Information in Form unternehmensweiter Datenbanken wird immer mehr zur existentiellen Ressource der Unternehmen. Damit kommt aber der Planung und Modellierung von Informationssystemen eine strategische Bedeutung zu; die Datenbank wird zu einem der wettbewerbsbestimmenden Erfolgsfaktoren des Unternehmens. Gerade dieser Sachverhalt macht es notwendig, daß möglichst alle mit der Datenbank konfrontierten Personen schon zu einem frühen Zeitpunkt am Entwurf des Datenbank-Modells konstruktiv und kooperativ mitarbeiten. Dieser Synergieprozeß von Auftraggeber, Systemdesigner, Implementierer und Anwender führt dazu, daß die tatsächlichen Anforderungen optimal in das Datenbank-Modell umgesetzt werden können und Schwachstellen des Lösungsansatzes frühzeitig herausgefunden und beseitigt werden.

Diese verantwortungsvolle Mitarbeit aller Beteiligten setzt jedoch eine gemeinsame Wissensbasis und eine von allen beherrschte, verstandene und akzeptierte Terminologie über das Thema Datenbank-Modellierung voraus. Ziel dieses Buches ist es, diesen Personenkreis, unabhängig vom DV-technischen Bildungsgrad, an das Thema des Entwurfs von Datenbanken heranzuführen und mit den dazu erforderlichen Regeln und Methoden vertraut zu machen. Wesentliches Kriterium dabei war, den Entwurfsprozeß auf einer rein logischen, allgemein gültigen Ebene abzuhandeln und nicht auf systemspezifische und technische Aspekte bestimmter Datenbank-Systeme einzugehen. Diese systemunabhängige Methodik ermöglicht es jedem Interessierten, sich ohne tiefgreifende Kenntnisse über Datenbanken in die Thematik des Datenbankentwurfs einzuarbeiten. Dabei spielt es keine Rolle, ob der Leser aus der PC-Welt kommt oder Anwender großer, komplexer, relationaler oder netzwerkartiger Datenbanksysteme ist. Im Vordergrund stand für mich eine allgemeinverständliche Darstellung des in seiner Breite sicherlich umfangreichen und komplexen Themas. Einerseits wurde die Verwendung von Fachvokabeln und mathematischen Ausdrücken weitgehend vermieden, andererseits wurde versucht, jeden Themenkomplex, bzw. jede Strukturform anhand praxisnaher, zum Teil aus dem Alltag gegriffener Beispiele zu veranschaulichen. Beispielsweise vermittelt das Kapitel 6 dieses Buches dem Leser die Erkenntnis, daß Familie und sportlicher Wettkampf den Gesetzmäßigkeiten von Stücklisten-Strukturen gehorchen.

Dem Springer-Verlag in Wien möchte ich dafür danken, daß meine langjährige praktische Erfahrung, gewonnen in der Modellierung von Datenbanken mit den Siemens-Produkten UDS und SESAM, in diesem Buch niedergelegt und damit einem breiteren Interessentenkreis verfügbar gemacht werden konnte. Bei der Korrektur und fachlichen Durchsicht war mir die intensive Unterstützung meines Fachkollegen Dr. Sebastian Pfistershammer eine wertvolle Hilfe. Meinen besonderen Dank möchte ich an Frau Claudia Slama richten, für die arbeitsintensive Umsetzung meines Rohmanuskripts mit einem Siemens Bürosystem 5.800 und für die zahlreichen aufwendigen Verbesserungs- und Korrekturarbeiten. Nicht zuletzt gilt mein Dank auch meiner Frau, die mich zum Schreiben dieses Buches ermutigt hat und die im letzten Jahr auf viele Stunden gemeinsam verbrachter Freizeit verzichten mußte.

Wien, im Dezember 1987   Hermann Kudlich

Inhalt

1. **Von der Datenverarbeitung zur Informationsverarbeitung** 1
   - 1.1 Konventionelle Datenverarbeitung 1
   - 1.2 Die endbenutzerorientierte Datenverarbeitung als neue Nutzungsart der Daten 5
   - 1.3 Information als vierter Produktionsfaktor 7
   - 1.4 Das Unternehmen als vernetztes System 11

2. **Grundbegriffe und Definition** 17
   - 2.1 Objekte bevölkern die Miniwelt 17
   - 2.2 Objekteigenschaften und Attribute 19
     - 2.2.1 Charakterisieren von Objekten 22
     - 2.2.2 Definition von Attributen 22
     - 2.2.3 Identifizieren von Objekten 24
   - 2.3 Sub-Objekttyp 27
   - 2.4 Beziehungen verbinden Objekte 29
   - 2.5 Varianten von Beziehungstypen 32
     - 2.5.1 1:N-Beziehungstypen 34
     - 2.5.2 M:N-Beziehungstypen 36
   - 2.6 Tabellarische Darstellung von Objekttypen 40

3. **Konzeptioneller Entwurf von Datenbanken** 43
   - 3.1 Abgrenzen der Miniwelt 43
   - 3.2 Erstellen des Datenmodells 44
   - 3.3 Funktionsanalyse 45
   - 3.4 Informationsstruktur-Analyse 46

4. **Normalisieren von Relationen** 50
   - 4.1 Unnormalisierte Relation 52
   - 4.2 Erste Normalform (1NF) 54
   - 4.3 Funktionale Abhängigkeit (FA) 56

4.4　Zweite Normalform (2NF) 57
　　　4.5　Dritte Normalform (3NF)........................ 62
　　　4.6　Spezielle Normalformen 66
　　　　　4.6.1 Boyce/Codd Normalform (BCNF) 66
　　　　　4.6.2 Vierte Normalform (4NF)................... 71
　　　4.7　Normalisieren als Teil des Entwurfsprozesses...... 75

5.　Methoden der Datenbankmodellierung............. 79
　　　5.1　Erstellen des Strukturdiagramms 79
　　　5.2　Methodische Erfassung der Miniwelt.............. 80
　　　5.3　Elementaraussagen für 1:N-Beziehungstypen...... 83
　　　5.4　Elementaraussagen für M:N-Beziehungstypen..... 86
　　　5.5　Von der Problemformulierung zum
　　　　　Datenbankmodell.............................. 87
　　　5.6　Überbestimmte Datenstruktur 95
　　　5.7　Widersprüchliche Elementaraussagen 110

6.　Wichtige Datenstrukturen 115
　　　6.1　Baumstrukturen................................ 115
　　　6.2　Netzstrukturen 116
　　　6.3　Unechte Parallelstrukturen...................... 116
　　　6.4　Echte Parallelstrukturen 122
　　　　　6.4.1 Die Stückliste eines Fahrrades 125
　　　　　6.4.2 Sportliche Datenstrukturen................. 130
　　　　　6.4.3 Datenstruktur von Verwandtschafts-
　　　　　　　　beziehungen............................. 133
　　　　　6.4.4 Datenstruktur eines Data-Dictionarys....... 138
　　　6.5　Gemischte Parallelstrukturen.................... 145
　　　6.6　Verschmelzen von Objekttypen.................. 147
　　　6.7　Direkt rekursive Datenstruktur.................. 152
　　　6.8　Zyklische Datenstruktur 153
　　　6.9　Klassifizierung von Datenstrukturen 156

7.　**Mehrdimensionale Datenstrukturen** 163

Literaturverzeichnis 171

Sachverzeichnis 173

1. Von der Datenverarbeitung zur Informationsverarbeitung

1.1 Konventionelle Datenverarbeitung

Computeranlagen wurden bisher vorwiegend dafür eingesetzt, eingegebene Daten nach mehr oder minder komplexen Regeln und Funktionen zu bearbeiten oder umzuformen und die Ergebnisse dem Bearbeiter auf entsprechenden Ausgabemedien (Listen, Bildschirm) zur Verfügung zu stellen.

Die enorme interne Rechengeschwindigkeit einer DV-Anlage ermöglicht die Bearbeitung von komplexen und massenhaft anfallenden Verarbeitungsschritten in Bruchteilen der Zeit, die ein Mensch benötigen würde. Buchhaltung oder Gehaltsabrechnung sind Beispiele klassischer EDV-Anwendungen. Die Verarbeitungsergebnisse werden einerseits durch die Güte der eingegebenen Daten und andererseits durch die richtige Abbildung der Verarbeitungsfunktionen auf die Ebene des Rechners, d.h. durch die implementierten Verarbeitungsprogramme, bestimmt.

Falsche Daten („Mist hinein - Mist heraus"), nicht exakte Analysen der zu realisierenden Aufgabenstellung oder fehlerhafte Programme führen zwangsweise zu unrichtigen Ergebnissen.

Die Speicherung und Verwaltung von riesigen Datenmengen ist die zweite herausragende Eigenschaft eines Computers. Wesentlich erscheint hierbei, daß Daten nach unterschiedlichsten Kriterien innerhalb von Sekunden ausgewählt werden können. Buchungs- oder Reservierungssysteme sind Beispiele für die Leistungsfähigkeit eines Rechners, aus einer Fülle von Daten (Verbindungen, Fluglinien, Tarife, Plätze, etc.) in Abstimmung mit den Anforderungen des Kunden (Termin, Klasse, etc.) in kürzestmöglicher Zeit zu einem Ergebnis (Reservierung, Buchung) zu kommen.

Dieses Beispiel zeigt deutlich, daß eine computergestützte Datenbasis (Datenbank) überhaupt erst die Voraussetzung für die Realisierung einer Fülle von kommerziellen Anwendungen schafft. Die weltweite Verwaltung der Sitzplatzkapazitäten einer Fluglinie auf manueller Basis ist heute schon aus rein technischer und organisatorischer Sicht undenkbar.

Allen hier angeführten Aufgabenbereichen ist gemeinsam, daß sie in Form von strukturierten Prozessen beschrieben werden können.

1. Von der Datenverarbeitung zur Informationsverarbeitung

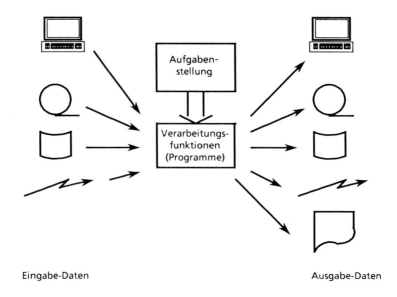

Abb. 1.1. Grundfunktionen der Datenverarbeitung

Ein strukturierter Prozeß läuft immer nach genau definierten und damit bekannten Regeln und Gesetzen ab.

Die Ermittlung des Bezuges von Angestellten ist z.B. in Form von Gesetzen genauestens niedergelegt. Die Gehaltsabrechnung stellt somit einen strukturierten Prozeß dar. Ganz allgemein kann eine Aufgabe dann als strukturiert bezeichnet werden, wenn menschliche Aktivität und Beurteilung durch automatisierbare, d.h. auf einen Computer umsetzbare (programmierbare) Problemlösungsprozesse ersetzt werden können. Unerheblich ist dabei, ob diese Prozesse batch oder online abgewickelt werden.

Abb. 1.2. Strukturierte Aufgaben

Die Aufgabenbereiche eines Unternehmens können grob in drei Ebenen gegliedert und in Form einer Pyramide dargestellt werden.

1.1 Konventionelle Datenverarbeitung

Abb. 1.3. Unternehmenspyramide

Auf der operativen Ebene wird der überwiegende Teil der strukturierten Prozesse eines Unternehmens, wie z.B. Buchhaltung, Kostenrechnung, Personalabrechnung und Lagerhaltung durchgeführt.

Folgende Merkmale kennzeichnen diesen Bereich:

- Das Arbeitsumfeld ist vergleichsweise konstant
- Die Arbeitsabläufe sind weitestgehend festgelegt
- Entscheidungen sind kaum zu treffen
- Es handelt sich zumeist um Routineaufgaben.

Die zunehmend dialogisierten Standardverfahren, welche die organisatorische oder betriebswirtschaftliche Grundlast eines Unternehmens repräsentieren, sind dieser Ebene zuzuordnen. Das in einem Unternehmen installierte Computerpotential wird heute überwiegend vom operativen Bereich genutzt.

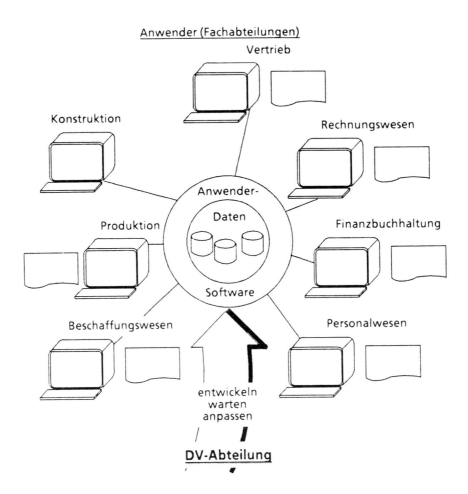

Abb. 1.4. Strukturierte Prozesse in einem Unternehmen

1.2 Die endbenutzerorientierte Datenverarbeitung als neue Nutzungsart der Daten

Der dispositive Bereich kann folgendermaßen charakterisiert werden:

- Das Arbeitsumfeld ändert sich in Abhängigkeit von unterschiedlichsten Einflußfaktoren (Markt, Konkurrenz, Verhalten der Abnehmer, Unternehmensstrategie, Produktivität)
- Die Arbeitsabläufe wechseln oft
- Entscheidungen sind häufig zu treffen
- Die Tätigkeiten sind überwiegend kreativ

Die Haupttätigkeit des Managements aus den Bereichen Marketing, kaufmännische Verwaltung, Planung, Vertrieb oder Produktion besteht vorwiegend darin, Entscheidungen vorzubereiten. Dieser Aufgabenbereich ist dadurch gekennzeichnet, daß er in hohem Maße schlecht strukturiert oder nur teilstrukturiert ist. Für Prozesse, die auf dieser Ebene abgewickelt werden, wie z.B. Entscheidungsvorbereitungen oder Prognosen, können keine genauen Regeln und Gesetze definiert werden.

Beispielsweise kann dem Umsatzrückgang eines Unternehmens nicht mit allgemeingültigen Maßnahmen entgegengewirkt werden, sondern es sind je nach Situation in Abhängigkeit von einer Vielzahl von Einflußgrößen (Branche, Konkurrenz, Wirtschaftslage) zielführende Lösungsstrategien zu entwerfen.

Grundlegende Voraussetzung für diese endbenutzerorientierte Datenverarbeitung („End-User-Computing" = EUC) ist die Verfügbarkeit der Daten in Form eines zentralen, integrierten Datenbestandes. Je nach anfallender Aufgabe müssen die Daten aus unterschiedlichsten Bereichen und Zeiträumen in beliebigen Verdichtungsstufen für jede mögliche Form der Verarbeitung zur Verfügung stehen.

Welche Daten der Anwender für seinen spezifischen Problemlösungsprozeß auswählt, ist von Fall zu Fall unterschiedlich und keineswegs vorhersehbar; dieser Tätigkeitsbereich ist weitgehend unstrukturiert. Die zentrale Datenbank muß daher nicht nur übersichtlich, d.h. für möglichst viele Nutzungskreise allgemein verständlich organisiert sein, sondern sie muß darüberhinaus für umfassende, teilweise zum Zeitpunkt des Entwurfes gar nicht bekannte Verarbeitungsformen konzipiert werden.

Die Nutzungsmöglichkeit der Rechnerleistung im Bereich der dispositiven und strategischen Ebene steht und fällt mit der Qualität des Datenbankentwurfs, da unvollständige oder falsch organisierte Daten zu fehlerhaften oder überhaupt keinen Ergebnissen führen.

Das Management und die gehobenen Sachbearbeiter werden den Computer als Werkzeug nur dann akzeptieren und intensiv nutzen, wenn die Datenbank so konzipiert und modelliert wurde, daß der Anwender die Datenstrukturen versteht und diese gleichsam als Abbild der ihm vertrauten Arbeitsumgebung erkennt.

Eine weitere Voraussetzung für das EUC ist die Bereitstellung verschiedenster Methoden, wie z.B. Regressionsanalyse, ABC-Analyse, Clusteranalyse, die modellhaft das iterative Durchspielen mehrerer Lösungsvarianten und damit das schrittweise Ermitteln des optimalen Ergebnisses ermöglichen.

Wohl sind die einzelnen Methoden strukturiert, die Auswahl der Methoden und Daten sowie die Kopplung der Methoden untereinander sind vorwiegend unstrukturiert.

Aufgaben dieser Art sind prädestiniert für das Zusammenspiel persönlicher Intuitionen, Erfahrungen und Wertvorstellungen des Benutzers mit den Möglichkeiten und Eigenschaften des Computers.

Prognosen für die nächsten 5 bis 10 Jahre lassen erwarten, daß sich der Nutzungsgrad der Computerressourcen im kommerziellen Anwendungsbereich schwerpunktmäßig vom operativen zum dispositiven Bereich verschiebt.

Bei einem prognostizierten jährlichen Computerwachstum von 10 bis 20% bedeutet dies nicht, daß die traditionellen, strukturierten Computeranwendungen zurückgehen, sondern daß das gesamte installierte Computerpotential immer stärker von Anwendungen des dispositiven und strategischen Bereiches genutzt wird.

Damit wandelt sich die traditionelle Datenverarbeitung hin zur Informationsverarbeitung, die den Anwender in wesentlich höherem Maße als bisher zwingt, darüber zu entscheiden, welche Daten wie ver- oder bearbeitet werden.

Als weiteres Beispiel für unstrukturierte Aufgaben ist der gesamte Tätigkeitsbereich des Büros anzuführen, angefangen von der Textbe-

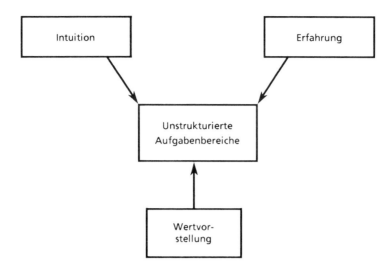

Abb. 1.5. Unstrukturierte Aufgaben

und -verarbeitung über die Dokumentenverwaltung bis hin zu „electronic-mail".

Jede dieser Tätigkeiten erfordert umfangreiche, innerhalb von Datenbanken abgelegte Informationen. So muß z.B. beim Erstellen eines Briefes mit einem Textsystem auf eine Vielzahl von Textkonserven zugegriffen werden, müssen für einen Serienbrief aus einem Adreßbestand Adressen nach bestimmten Kriterien ausgewählt werden, oder müssen betriebswirtschaftliche Kenndaten aus einer Datenbank in Form von Tabellen oder auch Grafiken in Texte eingesteuert werden. Je nach Inhalt, Zweck oder Zielrichtung des Dokumentes wird der Anwender unterschiedliche Informationen und Daten heranziehen. Diese Vorgehensweise läßt sich aber nicht durch definierte Regeln und Gesetze beschreiben, es handelt sich somit um unstrukturierte Prozesse.

1.3 Information als vierter Produktionsfaktor

Jedes Unternehmen hat entsprechend seinen individuellen Unternehmenszielen unterschiedlichste Aufgabenbereiche zu erfüllen. In diesem Zusammenhang soll darauf hingewiesen werden, daß unter Unternehmen auch alle öffentlichen Einrichtungen aus dem Sozial-, Verwaltungs-, Versorgungs- oder Bildungs-Bereich verstanden werden. Innerhalb des Regelkreises von Angebot und Nachfrage hat sich ein Unternehmen durch Erfüllung spezieller Bedürfnisse zu bewähren. Das bedeutet, entweder Gewinn zu machen und damit im Wettbewerb gut abzuschneiden, oder im öffentlichen Bereich die Bedeutung und Notwendigkeit der Einrichtung möglichst vielen Staatsbürgern transparent zu machen. Die Anforderungen der Umwelt, in die ein Unternehmen eingebettet ist, sind jedoch ununterbrochenen Veränderungen unterworfen. Markt, Konkurrenzverhalten, Preis- und Kostensituation, politische und soziale Verhältnisse, Kaufkraft und Währungspolitik sind nur einige, die Wettbewerbssituation eines Unternehmens beeinflussende Faktoren, deren Änderung zuerst überhaupt erkannt werden muß, um dann in einem zweiten Schritt darauf reagieren zu können.

Ähnlich steuert die Natur in eindrucksvoller Weise in Form der Evolution seit Jahrmillionen die Entwicklung des gesamten Lebens auf unserem Planeten. Das heute allgemein anerkannte Prinzip der Evolution besagt, daß alles Leben aus einer Urzelle stammt und sich in ständiger Anpassung an die Umwelt in ungeheuer langen Zeiträumen zu immer höherwertigen Formen vervollkommnet. Durch Mutationen wandelt die Natur rein zufällig das Erbgut ab, sodaß unter den Nachkommen geringe erbliche Unterschiede auftreten. Jene Nachkommen, die an die Erfordernisse und Bedingungen der Umwelt besser angepaßt sind, die also vorteilhaftere Mutationen mitbekommen haben, setzen sich im Auswahlprozeß der Natur (Selektion) erfolgreich gegen die anderen Artgenossen durch und überleben. Darwins Grundidee bestand darin, daß sich zielgerichtet, im Laufe vieler Generationen jene Eigenschaften durchsetzen, die eine optimale Anpassung an den jeweiligen Lebensraum bedeuten. Variieren der Merkmale und Eigenschaften (Mutation) und Auswahl der Nachkommen durch die Umwelt (Selektion) sind jene beiden im ausgewogenen Verhältnis zueinander stehenden biologischen Grundprinzipien, die den Ablauf der Evolution und damit die Entwicklung des Lebens steuern.

Gleichermaßen hat jedes Unternehmen in einem ständigen Evolutionsprozeß seine Organisation, Strukturen, Ziele und Strategien an die geänderten (mutierten) Umwelteinflüsse anzupassen. Nur jenes Unternehmen, das am schnellsten und besten auf diese Änderungen reagiert, wird im zunehmend härter werdenden Wettbewerb überleben (selektiert). Der Kampf um Erfolg und Existenz eines Unternehmens spielt sich in der Regel nicht in Form direkter, auf Vernichtung des Konkurrenten ausgerichteter Konfrontation ab, sondern er wird wenig verletzend, indirekt, ja geradezu unkämpferisch geführt.

Anhand der Entwicklung des Automobils der letzten 150 Jahre soll dieser „sanfte Evolutionsprozeß" verdeutlicht werden. Von der Kutsche des vorigen Jahrhunderts hat sich das Auto in mehreren Mutationen zu unseren heutigen Modellen entwickelt. Die ersten Modelle behielten die Kutschenform bei und besaßen im hinteren Teil eine Dampfmaschine. Bei der nächsten Variante wanderte der Dampfantrieb in den vorderen Teil, nur mehr die hintere Hälfte war kutschenähnlich.

Der nächste Entwicklungsschritt führte schon zur typischen Autoform, nur mehr ein kleiner Notsitz erinnerte an den Lakaiensitz einer Kutsche. Die folgenden Modelle schauten immer mehr nach Auto aus. Nur mehr die Trittbretter, ein völlig überflüssiges Konstruktionsdetail, dem keine Forderung der Umwelt entsprach, erinnerte an die Kutschenzeit. In einem weiteren Entwicklungsschritt entstand ein modernes, besser angepaßtes Auto, bei dem die Trittbretter zugunsten eines größeren Innenraumes verschwunden waren.

Diese Entwicklung vollzog sich ähnlich wie im biologischen Bereich, da in kleinen Änderungsschritten überflüssige Eigenschaften weggelassen und neue, wichtige Merkmale hinzugefügt wurden. Wesentlich bei diesem Beispiel ist aber, daß die Höherentwicklung im Kampf ums Dasein stattfand. Im Kampf um die Gunst der Käufer konnten nur jene Modelle überleben und sich weiter entwickeln, die den Erwartungen der Käufer am ehesten gerecht wurden. Dieser Kampf wurde nicht direkt geführt, da die guten, besser angepaßten Modelle die weniger guten, schlechter angepaßten Modelle vom Markt verdrängten.

Dieses einfache Beispiel soll verdeutlichen, daß das Erkennen geänderter Umwelteinflüsse und die darauf abgestimmten reaktiven Maßnahmen für die Existenz eines Unternehmens von fundamentaler Bedeutung sind. Veränderungen der verschiedenen Einflußfaktoren sind überhaupt nur dann erkennbar, wenn das Unternehmen über aktuelle, vollständige, richtige und jederzeit abrufbare Informationen dieser Größen verfügt.

Damit wird die Einrichtung und Verwaltung einer unternehmensweit organisierten Datenbank als zentrale Datendrehscheibe aller unternehmensrelevanten Daten zu einer unverzichtbaren Unternehmensressource. Jeder Unternehmensbereich kann dadurch un-

Abb. 1.6. Evolution des Autos

mittelbar auf alle benötigten Informationen zugreifen und Daten für andere Abteilungen ablegen. Dieses Handeln mit Informationen kann durchaus mit der Erzeugung von Gütern verglichen werden, sodaß im immer komplexer werdenden Wirtschaftsgeschehen neben den drei klassischen Produktionsfaktoren Kapital, Arbeit und Boden die Information als vierter Produktionsfaktor angesehen werden kann. Der Einsatz der Information hat als ein wesentlicher Ertragsfaktor unmittelbare Konsequenzen auf das unternehmerische Handeln. Werden auf strategischer und dispositiver Ebene unternehmerische Entscheidungen erst nach sorgfältigem Ermitteln und Abwägen aller Einflußfaktoren mittels eines leistungsfähigen Informationssystems getroffen, wirkt sich diese Vorgehensweise direkt auf Effektivität und Effizienz eines Unternehmens und damit insgesamt auf dessen Wettbewerbsfähigkeit aus.

Eine leistungsfähige, leicht einsetzbare und jederzeit erweiterbare Datenbank für die Be- und Verarbeitung aller unternehmensrelevanten Informationen muß daher in jedem Unternehmen eine Schlüsselstellung einnehmen.

1.4 Das Unternehmen als vernetztes System

Da sich die Abläufe in einem Unternehmen ähnlich wie die Informationsflüsse eines Regelkreises verhalten, soll zunächst kurz auf das Grundprinzip von rückgekoppelten Systemen eingegangen werden.

Die zu regelnde Größe (z.B. Wasserstand in einem Gefäß), Regelgröße genannt, kann über einen Regler verändert werden. Über einen Meßfühler mißt der Regler den Zustand der Regelgröße (Istwert). Bei Veränderung dieses Zustandes durch eine Störgröße gibt der Regler eine entsprechende Anweisung, den Stellwert, an ein Stellglied weiter, welches dann die Störung über eine Stellgröße unter Zufuhr oder Abfuhr einer entsprechenden Austauschgröße behebt. Stellt der Meßfühler einen zu hohen Wert fest, so wird dieser über das Stellglied verringert. Ein zu niedriger Wert der Regelgröße wird erhöht. Diese negative Rückkopplung ist das Grundprinzip jedes selbstregulierenden, mit stabilisierender Dynamik ausgestatteten Systems.

Der Regler richtet sich aber außerdem nach einer Führungsgröße, die den Sollwert vorgibt. Dieser Sollwert kann seinerseits wieder veränderbar sein, indem er selbst die Regelgröße eines anderen Regel-

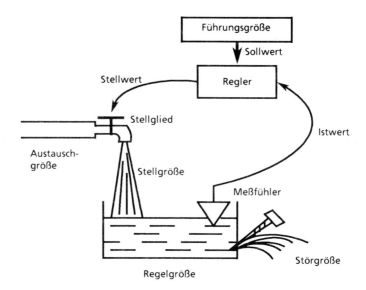

Abb. 1.7. Grundprinzip eines Regelkreises

kreises ist. Regelkreise sind in der Wirklichkeit nicht abgeschlossen und isoliert, sondern sind vernetzte, miteinander in Wechselbeziehung stehende Systeme, deren Sollwerte voneinander abhängen.

Es ist nicht verwunderlich, daß die Natur den Regelkreis sehr häufig als bewährtes Konstruktionsprinzip verwendet, z.B. besitzt das Gehirn die Funktion eines Reglers. Die von den Sinnesorganen als Meßfühler erfaßten Istwerte werden über Nervenbahnen dem Gehirn zugeleitet und dort verarbeitet. Nach Vergleich der in weiteren Regelkreisen ermittelten Sollwerte werden dann Nervenimpulse an gewisse Muskelpartien als Stellglieder weitergeben, die z.B. durch Kontraktion das zu regelnde, komplexe biologische System wieder in einen Gleichgewichtszustand versetzen.

Nach Abstraktion dieser biologischen Beispiele ist unschwer zu erkennen, daß auch die dynamischen Prozesse eines Unternehmens nach den Gesetzmäßigkeiten eines Regelkreises ablaufen. Der Speicherfunktion des Gehirns entspricht dabei die zentrale Datenbank als Basis eines unternehmensweiten Informationssystems mit vollständigen und aktuellen Informationen aus allen Unternehmensbereichen.

Unter zentraler Datenbank ist nicht die physische Speicherung der Daten an einem Ort gemeint. Wie auch das Gehirn mehrere Zentren

1.4 Das Unternehmen als vernetztes System

aufweist, das Sprach- und Sehzentrum, die motorische Region, etc., können auch die Daten eines Unternehmens durchaus dezentral organisiert werden. Der Begriff „zentral" ist so zu verstehen, daß sämtliche Informationsspeicher im engen Datenverbund untereinander gekoppelt sind, also eine isolierte Datenhaltung bis hin zu den dezentralen PC-Arbeitsplätzen ausgeschlossen wird.

So wie ein Lebewesen ohne Gehirn nicht lebensfähig ist, so sichert auch die Datenbank als zentrales Informationsgedächtnis und Nervenzentrum aller Informationsströme die Wettbewerbsfähigkeit und damit die Existenz eines Unternehmens. Wie die Entwicklung des Gehirns in Richtung umfangreicherer und komplexerer Strukturen Voraussetzung für die Höherentwicklung von Lebewesen ist, so sind die in einer Datenbank zentral gespeicherten und jederzeit abrufbaren Informationen Basis für positive Fortentwicklung, Expansion und damit Prosperität eines Betriebes.

Markteinbrüche als Störgrößen des betrieblichen Regelkreises können nur dann frühzeitig erkannt werden, wenn

- das Informationssystem über sensible Meßfühler (Berichtswesen) verfügt
- das Kommunikationssystem als Transportmedium der Informationsströme ähnlich dem Nervengeflecht alle Bereiche des Unternehmens erreicht (Sinnesorgane) und technologisch und organisatorisch in der Lage ist, die unternehmensrelevanten Informationen (Meß- und Stellgrößen) möglichst verzögerungs- und verlustfrei zu übertragen
- umfassende inner- und außerbetriebliche Kenndaten als Bezugswerte (Sollwerte) für den ständigen Vergleich mit den Istdaten in einer zentralen Datenbank abgelegt werden.

Erst die in einer Datenbank gespeicherten Informationen machen es der dispositiven und strategischen Ebene eines Unternehmens möglich, Abweichungen von wesentlichen Kenngrößen zu bemerken, diese Störungen quantitativ zu erfassen, auf diesen Informationen aufbauend Lösungsstrategien zu entwickeln, um schließlich gezielte unternehmerische Maßnahmen ergreifen zu können.

Die in einem Unternehmen anfallenden Aufgaben und Tätigkeiten sind auf eine Menge von Bereichen aufgeteilt, die alle untereinander zu einem komplexen System vernetzt sind.

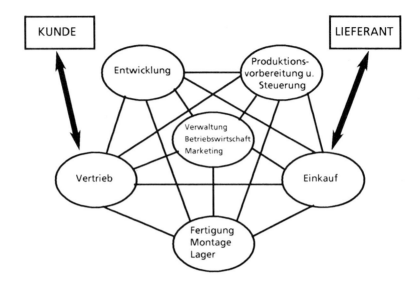

Abb. 1.8. Vernetzte Unternehmensstruktur

Alle diese Bereiche bestehen wieder aus einer Fülle von Subsystemen mit eigenen Strukturen, Organisationselementen und Kommunikationsformen. Über Stör-, Führungs- und Austauschgrößen steht das Unternehmen mit übergeordneten Systemen der Außenwelt, wie z.B. Wirtschafts-, Öko- und Gesellschaftssystem in Verbindung.

Ganz allgemein ist ein System dadurch charakterisiert, daß es aus mehreren verschiedenen Einzelteilen besteht, Struktur und Ordnung aufweist und daß die Teile nicht wahllos nebeneinanderliegen, sondern zu einem bestimmten Aufbau vernetzt sind. Die von Biologen vorangetriebene Systemforschung zeigt auf, daß sich ein System völlig anders als seine Teile verhält, daß es als neues Ganzes mehr als die Summe seiner Teile wird. Ein lebender Organismus hat ganz andere Eigenschaften als seine Zellen, ein Unternehmen verhält sich z.B. anders als seine einzelnen Abteilungen.

Will man ein komplexes System begreifen, seine inneren und äußeren Wechselwirkungen beschreiben, so muß man nicht nur die Systemelemente, sondern auch die gegenseitigen komplexen Beziehungen und Wechselwirkungen in Betracht ziehen. In einem System sind Einwirkungen nicht dort zu Ende, wo sie zunächst hinzielen. Sie stehen über ein dichtes Kommunikationsnetz mit vielen anderen Systemteilen über komplexe Rückkopplungsmechanismen in Verbindung und können daher über unerkannte Rückwirkungen - manchmal sofort, manchmal zeitlich verzögert - sogar in das Gegenteil dessen umschlagen, was beabsichtigt war.

Wesentlich scheint hierbei, das System als Ganzes unter Hinweglassung der vordergründigen Details zu betrachten. Werden Entscheidungen aus Einzelbereichen getroffen, ressortorientiert wie in der Verwaltung oder branchenorientiert wie in der Wirtschaft, so können diese, was das Systemverhalten betrifft, zu den gröbsten Fehlern führen. Bei Kenntnis des Netzwerks der komplexen, durch alle Bereiche hindurchführenden Verbindungen könnten eine Menge solcher Fehler verhindert werden.

Der Umsatzrückgang veranlaßt z.B. das Management eines Unternehmens, nach intensiven ABC-Analysen sein Artikelsortiment zu straffen und die umsatzschwächsten Artikel aus dem Angebot zu nehmen. Als Konsequenz dieser Maßnahme geht der Umsatz jedoch drastisch weiter zurück. Die Ursache kann darin liegen, daß einige der besten Kunden mangels Verfügbarkeit dieser nicht mehr angebotenen Artikel ihre Waren insgesamt von einem anderen Unternehmen beziehen. Die mangels einer Kundenanalyse einseitige Problemdarstellung hat das Management zu einer Maßnahme veranlaßt, die in das genaue Gegenteil der beabsichtigten Wirkung umgeschlagen hat.

Sehr oft wird bei komplexen Systemen das falsche Handeln lange nicht bemerkt, Störungen werden zunächst aufgefangen und ausgeglichen, sodaß Rückwirkungen erst über viele Stationen zutage treten, möglicherweise in Gebieten, in die bewußt gar nicht eingegriffen wurde. Nichtbeachtung von Querverbindungen und Wechselwirkungen führt oft zu strukturellen Verschlechterungen und tiefgreifenden Strukturkrisen. Allseits bekannte Beispiele dafür sind die unvorhergesehenen Folgen nach dem Bau des Assuanstaudammes, der Abholzung des südamerikanischen Urwaldes, der Erschließung von Gletscher- und Bergregionen für den Tourismus, der rapiden Rohstoffverknappung oder der lawinenartigen Verseuchung unserer Umwelt.

Diese steuernden Eingriffe geschehen aus einem vordergründigen Glauben an die Unbegrenztheit des technisch Machbaren und der alles ausgleichenden Umwelt und aus der Annahme, daß sich das gestörte Zusammenspiel von alleine regeln würde. Die eigentliche Ursache liegt jedoch in der Divergenz zwischen den uns angeborenen Anschauungsformen und der von ihnen abweichenden Strukturen der realen Welt. Der Grund für diese Diskrepanz liegt in uns selbst, bzw. in der Evolution, die uns zu dem gemacht hat, was wir sind. Die uns angeborene Anschauungsform der Kausalität ermöglicht es uns offenbar nur, linear zu denken und zu analysieren (auf A folgt B, auf B folgt C, usw.). Wir sind gewohnt, in Wirkungsketten und nicht in Wirkungsnetzen zu denken. Wir versagen bei der Lösung komplexer wirtschaftlicher und ökologischer Probleme möglicherweise deshalb, weil wir deren vielfach in sich rückgekoppelte Strukturen, die eben nicht linear-kausal, sondern kausal-vernetzt sind, mit den analytischen Strategien, auf die wir genetisch programmiert sind, nicht mehr ausreichend erkennen.

Einen Ausweg aus diesem Dilemma kann eine DV-Anlage durch die Möglichkeit bieten, die Wirklichkeit als Netz von verschachtelten Systemen möglichst realitätsgetreu in Form einer Datenbank abzubilden und die komplexen Abläufe, Rückwirkungen und Wechselbeziehungen gleichsam modellhaft durchzuspielen. Dadurch lassen sich Probleme lösen und Konstellationen prognostizieren, denen wir mit unserer herkömmlichen Art des monokausalen, linearen Denkens nicht gewachsen wären.

Entgegen unserer Gewohnheit, alle Probleme als abgeschlossene Einheiten zu untersuchen und mit Hilfe mechanistischer Modelle zu lösen, versetzt die Datenbank den Anwender in die Lage, Systeme in ihrer ganzen komplexen Gesamtheit zu erfassen und darzustellen. Die Systemkomponenten und deren vielfältige Beziehungen und Wechselwirkungen bilden die Konstruktionselemente der Datenbank. Durch bausteinartiges Zusammensetzen dieser Elemente nach den im Datenbank-Designprozeß erstellten Konstruktionsplänen entsteht ein detailliertes, umfassendes, richtiges und anschauliches Modell der unternehmensrelevanten, komplexen Wirklichkeit, der sogenannten Miniwelt. Eine Datenbank kann somit als möglichst realitätsgetreue Projektion eines Teilausschnittes der realen Welt auf die Ebene der Datenverarbeitung verstanden werden.

2. Grundbegriffe und Definition

Für die fachliche Kommunikation der am Designprozeß Beteiligten ist es erforderlich, daß man sich auf eine gemeinsame Menge von Begriffen einigt. In diesem Kapitel werden jene wenigen Begriffe und Definitionen eingeführt, die im Rahmen der Informationsstruktur-Analyse für den Aufbau eines konzeptionellen Datenmodells unentbehrlich sind.

2.1 Objekte bevölkern die Miniwelt

Objekte sind einzelne Ausprägungen von Dingen, Personen oder Vorgängen der Miniwelt, die voneinander unterscheidbar, also identifizierbar sein müssen. Das Objekt, als kleinster Baustein einer Datenstruktur, kann sozusagen als Atom eines beliebig komplexen Strukturmoleküls aufgefaßt werden.
Ein Objekt kann sein:
- eine natürliche oder juristische Person
- ein Gegenstand (Produkt, Maschine)
- ein abstrakter Begriff (Fachgebiet)
- immaterielle Dinge und Sachverhalte
  (Vorgang, Ereignis, Buchung, Vertragsverhältnis)

Ein Objekt als eindeutig identifizierbares Element der Miniwelt ist ein Begriff auf Elementebene.

Abhängig von der jeweiligen Anforderung an das Datenmodell wird festgelegt, welche Elemente der Miniwelt als Objekte gewählt werden. Einmal kann ein ganzes Unternehmen mit allen Bereichen als Objekt definiert werden, in einer anderen Betrachtung ist der einzelne Bereich als Objekt von Interesse.

Beispiele für Objekte: Herr Schulze-Fröhlich, VW-Golf mit Kennzeichen M-HF304, Firma Meyerling & CO, Abteilung Marketing, Angebot vom 7.12. 1984 an Herrn Dieterlein

Alle gleichartigen Objekte der Miniwelt können unter einem gemeinsamen Oberbegriff, dem Objekttyp (OT), zusammengefaßt werden. Der Objekttyp als Begriff auf Mengenebene ist nur abstrakt vorhan-

den, also in der Miniwelt real nicht existent. Ein Objekt stellt somit die konkrete Ausprägung eines Objekttyps dar.

Eine präzise Definition des Begriffs „gleichartig" im Sinne der Datenmodellierung erfolgt bei der Erklärung der Objekteigenschaften.

Statt Objekttyp wird in der Literatur vielfach der Begriff „Entity" verwendet. Design einer Datenbank bedeutet damit auch Abstraktion der Wirklichkeit.

Beispiele für Objekttypen: Person (für Herrn Schulze-Fröhlich), Kraftfahrzeug (für VW-Golf mit Kennzeichen M-HF304), Unternehmen (für Firma Meyerling), Angebot (für Angebot vom 7.12.1984).

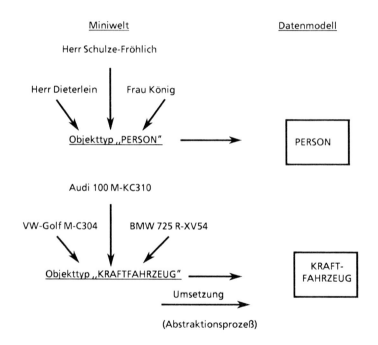

Abb. 2.1. Abstraktion der Miniwelt

Jeder Objekttyp erhält einen im Rahmen des Datenmodells eindeutigen Namen. Da der Objekttyp stellvertretend für die Vielzahl gleichartiger Objekte als Grundbaustein eines Datenmodells dient, muß zur grafischen Darstellung ein Symbol eingeführt werden; ein Rechteck mit dem Namen des Objekttyps als Inhalt.

2.2 Objekteigenschaften und Attribute

```
        Name des Objekttyps
```

Abb. 2.2. Grafisches Symbol eines Objekttyps

Aus Anwendersicht kann es sich herausstellen, daß ein bestimmter Objekttyp zu allgemein gefaßt wurde, d.h. daß dieser sinnvollerweise in zwei oder mehrere Untertypen aufzuteilen ist. In einer Anwendung aus der Handelsbranche müssen z.B. bestimmte Kundenkreise differenziert behandelt werden, was die Bonität, die Liefer- und Verrechnungskonditionen und die Liefertermine angeht. Auch die Datenbank muß dann als Abbild der Miniwelt durch Aufspaltung eines Objekttyps in 3 Objekttypen an die realen Gegebenheiten angepaßt werden. Aus versicherungstechnischen Gründen kann es notwendig sein, den Objekttyp KRAFTFAHRZEUG im Datenbankmodell in Form von 3 Objekttypen darzustellen.

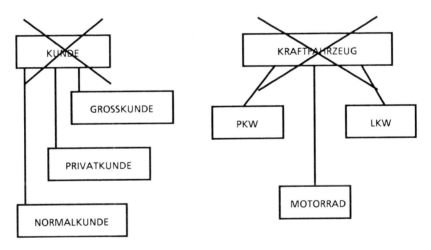

Abb. 2.3. Aufspalten von Objekttypen

2.2 Objekteigenschaften und Attribute

Über jedes einzelne Objekt der Miniwelt können mehr oder weniger umfangreiche Aussagen gemacht werden. Diese Aussagen tragen später zur Datenbasis bei, sofern dieses Objekt in der Datenbank gespeichert wird.

Beispiel: Unserem Kölner Kunden Franz Gall, ledig, wohnhaft in der Kilianstraße 26, haben wir ein Kreditlimit von DM 2000 sowie ein Skonto von 5% eingeräumt.

Dieser Sachverhalt kann in eine Reihe einfacher Aussagen („Elementaraussagen") über das einzelne Objekt aufgegliedert werden.

Beispiel: Ein bestimmter Kunde hat den Nachnamen Gall. Derselbe Kunde hat den Vornamen Franz, derselbe Kunde ist ledig, derselbe Kunde wohnt in Köln, derselbe Kunde hat ein Kreditlimit von DM 2000.

Solche elementare Aussagen lassen sich wie folgt formalisieren:

```
               besitzt                besitzt
Objekt xy  -------> Eigenschaft  -------> Eigenschaftswert
```

Beispiel:

Objekt	Eigenschaft	Eigenschaftswert
Kunde xy ------->	Zuname	-------> Gall
Kunde xy ------->	Vorname	-------> Franz
Kunde xy ------->	Familienstand	-------> ledig
Kunde xy ------->	Wohnort	-------> Köln
Kunde xy ------->	Kreditlimit	-------> DM 2000

Diese Eigenschaften nennt man *„Attribute"*, die bei einem bestimmten Objekt auftretenden Werte *„Attributwerte"*.

Attribute und ihre Werte dienen dazu,
- ein bestimmtes Objekt durch Festhalten seiner Eigenschaften zu beschreiben (Charakterisieren*)*
- ein bestimmtes Objekt von anderen Objekten zu unterscheiden (Identifizieren).

Im Rahmen der Erstellung eines Datenmodells müssen die Objekte der Miniwelt auf ihre beschreibenden und identifizierenden Attribute untersucht werden.

Wir sind nun in der Lage, eine präzise Definition des Begriffs „Objekttyp" zu geben:

Ein Objekttyp ist der Oberbegriff für eine Menge von Objekten der Miniwelt, die die gleichen Eigenschaften, d.h. gleiche Attribute besitzen. Jeder Objekttyp erhält einen für das Datenmodell eindeutigen Namen.

2.2 Objekteigenschaften und Attribute 21

Die zu einem Objekttyp gehörenden Attribute können in Form von Ovalen auch grafisch im Datenmodell festgehalten werden. Eine größere Anzahl von Objektattributen, 100 bis 500 Attribute sind keine Seltenheit, führen jedoch bei grafischer Darstellung zumeist zu einem unübersichtlichen Strukturdiagramm.

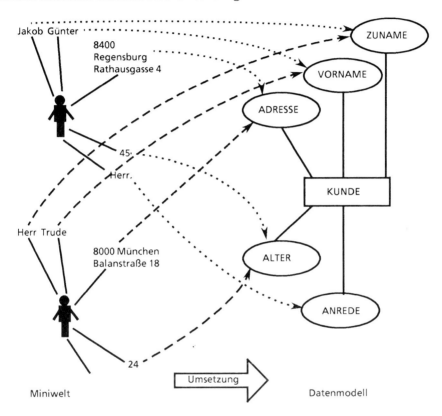

Abb. 2.4. Zuordnung von Attributwerten zu Attributen

In aller Regel werden die Attribute je Objekttyp in getrennten Tabellen oder in einem Data Dictionary festgehalten, sodaß das Strukturdiagramm aus Gründen der Übersichtlichkeit auf die grafische Darstellung der Objekttypen reduziert werden kann.

2.2.1 Charakterisieren von Objekten

Ein Attribut kann für jedes Objekt höchstens einen Wert besitzen, der der zugehörigen Objekteigenschaft entspricht. Auf diese bedeutsame Einschränkung wird im Rahmen der Behandlung der ersten Normalform noch näher eingegangen.

Beispiel: Der Wert des Attributes VORNAME beim Objekt Trude Herr ist „Trude".

Der Wert des Attributes VORNAME beim Objekt Hans Otto Schütz kann nicht gleichzeitig „Hans" und „Otto" sein. Für diesen Fall müßten zwei Attribute, z.B. VORNAME1 und VORNAME2 definiert werden.

- Jeder Wert muß einem Attribut zugeordnet werden können
  Beispiel: „2000" ist ein Wert des Attributes KREDITLIMIT
- Ein Wert ergibt zusammen mit seinem Attribut eine eindeutige Aussage über eine Objekteigenschaft.
  Beispiel: „Herr" ist ZUNAME von Trude Herr
  „Herr" ist ANREDE von Günter Jakob.
- Ein Attribut kann für ein Objekt zu einem bestimmten Zeitpunkt keinen Wert besitzen.
  Beispiel: Der Wert des Attributes ANREDE für Trude Herr ist (im Augenblick) nicht bekannt.

Attributwerte, die zum Zeitpunkt des Einspeicherns nicht bekannt sind, werden als *„Nullwerte"* (nicht signifikante Werte) bezeichnet.

2.2.2 Definition von Attributen

- In einem ersten Schritt werden je Objekt der Miniwelt die relevanten Eigenschaften gesammelt und erfaßt. Was „relevant" ist, entscheidet der Anwender aufgrund seiner entsprechenden Informationsanforderungen. Objekte mit gleichen bzw. weitgehend gleichen Eigenschaften werden im Datenmodell zu einem Objekttyp abstrahiert.
  Beispiel: Das religiöse Bekenntnis und das Geschlecht der Kunden werden z.B. in den geplanten Anwendungen nicht benötigt, sie gehören damit nicht zur Miniwelt. Wohl aber sind Anrede und Titel relevante Eigenschaften, da diese zum Ausdrucken von Briefköpfen benötigt werden.
- Jeder Eigenschaft muß ein innerhalb des Objekttyps eindeutiger Name zugeordnet werden.

2.2 Objekteigenschaften und Attribute

Beispiel: Attributname ADRESSE für die Eigenschaft „Kunde xy besitzt eine Anschrift"
- Diese Schritte müssen für jeden einzelnen Objekttyp durchgeführt werden. Hierbei können bestimmte Attribute bei mehreren Objekttypen auftreten.
  Beispiel: Das Attribut ADRESSE steht sowohl im Zusammenhang mit dem Objekttyp KUNDE als auch mit der Lieferfirma, durch den Objekttyp LIEFERANT dargestellt. Der Anwender kann selbst entscheiden, ob er stattdessen nicht besser 2 unterschiedliche Attribute, z.B. KUNDEN-ADRESSE für den Objekttyp KUNDE und LIEFERANTENADRESSE für den Objekttyp LIEFERANT definieren möchte.
- Die gefundenen Attribute müssen in einem weiteren Schritt auf Zerlegbarkeit und gegebenenfalls Ersatz eines einzelnen Attributes durch mehrere Attribute überprüft werden. Dies ist immer dann sinnvoll, wenn ein bereits definiertes Attribut mehrere relevante Objekteigenschaften zusammen beschreibt.

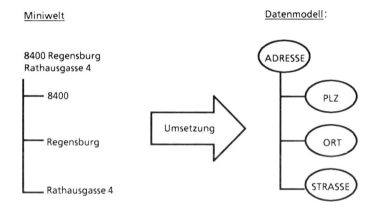

Abb. 2.5. Zerlegung des Attributes ADRESSE

Die Zerlegung des Attributes ADRESSE ist willkürlich und somit der Entscheidung des Anwenders überlassen. Es könnte auch die erste Ziffer der Postleitzahl für die Anwendung als Regionalkennzeichen von Bedeutung sein. Dies würde zu einer weiteren Zerlegung des Attributes PLZ führen.

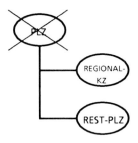

Abb. 2.6. Zerlegung des Attributes POSTLEITZAHL (PLZ)

Ein innerhalb des Datenmodells korrekt definiertes Attribut darf aus Anwendersicht nicht weiter unterteilbar sein.

Diese Regel ergibt sich aus der Forderung, daß alle Eigenschaften an einer zentralen Stelle, dem Attributkatalog der Datenbank, einheitlich dokumentiert werden müssen. Die Übersichtlichkeit und Wartbarkeit von EDV-Applikationen kann nicht gewährleistet werden, wenn jeder Entwickler die für seine Implementierung relevanten Eigenschaften entweder überhaupt nicht, oder nur lokal in seinen Programmen dokumentiert.

2.2.3 Identifizieren von Objekten

Einzelne Objekte der Miniwelt sind in aller Regel voneinander eindeutig unterscheidbar. Diese Unterscheidbarkeit (Identifizierbarkeit) der Objekte ist über deren Attribute und Attributwerte möglich. Ein bestimmtes Objekt der Miniwelt wird durch die Wertangabe für ein einzelnes oder auch für die Kombination mehrerer Attribute identifiziert. Entscheidendes Kriterium ist, ob der einzelne Attributwert oder die Kombination von mehreren Attributwerten nur *ein einziges Mal* in der gesamten Miniwelt vorkommt.

Die minimale Kombination aller Attribute, durch deren Werte ein bestimmtes Objekt eindeutig identifiziert wird, heißt Primärschlüssel. Diese Primärschlüsselvereinbarung gilt für alle Objekte eines Objekttyps.
Ein Primärschlüssel, der sich aus mehreren Attributen zusammensetzt, wird zusammengesetzter Primärschlüssel genannt. Ein Attri-

but eines zusammgesetzten Primärschlüssels wird als *Teilschlüssel* bezeichnet.

Welche Attribute sich zur Bildung eines Primärschlüssels für einen Objekttyp eignen, hängt von ihrem Wertevorrat in der Miniwelt ab. Bisweilen gibt es mehrere alternative Möglichkeiten. Geeignete Attribute oder Attributkombinationen werden als *Schlüsselkandidaten* bezeichnet.

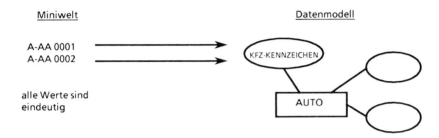

Abb. 2.7. Geeigneter einfacher Primärschlüssel (KFZ-Kennzeichen)

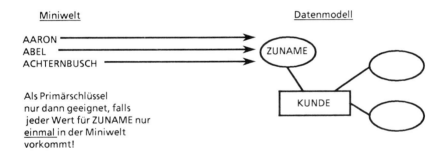

Abb. 2.8. Ungeeigneter einfacher Primärschlüssel (Attribut ZUNAME)

Beispiel: Das Attribut ZUNAME reicht als Primärschlüssel für den Objekttyp KUNDE nicht aus, da bestimmte Werte für dieses Attribut mehrfach vorkommen können. In einem weiteren Schritt wird versucht, den Primärschlüssel aus der Kombination der Attribute ZUNAME und VORNAME zu bilden. Da nicht garantiert werden kann, daß jede Wertekombination dieser Attribute nur ein einziges Mal vorkommt, müssen weitere Attribute als Teilschlüssel in Betracht gezogen werden. Wenn auch die Hinzuziehung weiterer Attribute mehrdeutige Werte nicht ausschließt, muß ein eigenes Attribut als künstlicher Primärschlüssel eingeführt werden (z.B.

Kundennummer). Organisatorisch muß allerdings sichergestellt werden, daß für diesen Primärschlüssel nur eindeutige Werte vergeben werden. Die eindeutige Wertvergabe kann durch den Anwender oder automatische Mechanismen des Datenhaltungssystems überwacht werden.

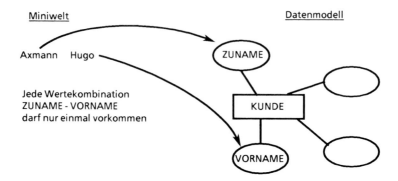

Abb. 2.9. Nicht geeigneter zusammengesetzter Primärschlüssel (Attribute ZUNAME und VORNAME)

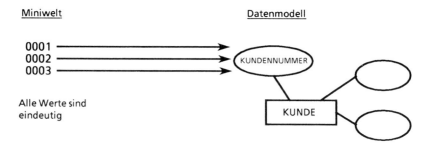

Abb. 2.10. Künstlicher Primärschlüssel (KUNDENNUMMER)

Hinweise zur Festlegung künstlicher Primärschlüssel

Aus Gründen der Handhabbarkeit und Überschaubarkeit durch den Anwender sollte der künstliche Primärschlüssel möglichst kurz gewählt werden. Klassifizierende Primärschlüssel sind zu vermeiden, da diese Schlüssel Teile enthalten, die bestimmte Objekteigenschaften verschlüsseln. Dadurch wird aber die Regel verletzt, daß ein korrekt definiertes Attribut nicht weiter unterteilbar sein darf.

Beispiel für einen klassifizierenden Primärschlüssel:
  Schlüssel BR04788G
  BR: Regionalkennzeichen (Bremen)
  04788: laufende Nummer
  G: Kundentyp (Großkunde)

Ein klassifizierender Primärschlüssel ist in mehrere Einzelattribute aufzuspalten, sodaß ein zusammengesetzter Primärschlüssel entsteht.

Abb. 2.11. Aufspaltung eines klassifizierenden Primärschlüssels

Künstliche Primärschlüssel werden in der Praxis häufig benutzt, obwohl „natürliche" Schlüsselkandidaten vorhanden wären. Dies liegt daran, daß künstliche Primärschlüssel durch die Betriebsorganisation bereits vorgegeben sind und deren Länge meist wesentlich kürzer als die Länge der „natürlichen" Schlüsselkandidaten ist.

2.3 Sub-Objekttyp

Der Begriff des Sub-Objekttyps soll anhand eines Beispiels erläutert werden. Im Rahmen eines Kursbuchungs- und Abrechnungs-Systems spielt der Objekttyp HÖRER eine wesentliche Rolle. Beim Einsatz dieses beispielsweise von einem EDV-Hersteller betriebenen Systems ist aus Abrechnungsgründen zwischen externen und internen Hörern zu unterscheiden, da bei den internen Hörern noch die zusätzlichen Attribute DIENSTSTELLE und KOSTENSTELLE mitgeführt werden müssen. Damit würden sich 2 Objekttypen im Datenmodell ergeben: HÖRER-EXTERN und HÖRER-INTERN.

Die folgende Darstellung enthält eine in diesem Buch häufig verwendete Notation von Objekttypen. Innerhalb der Klammer werden die Attributnamen angeführt, die dem Primärschlüssel angehörenden Attribute sind unterstrichen. Der Name des Objekttyps steht vor der Klammer.

HÖRER-EXTERN (<u>HÖRER#</u>, NAME, VORNAME, FIRMA, ...)
HÖRER-INTERN (<u>HÖRER#</u>, NAME, VORNAME, FIRMA,
   DIENSTSTELLE, KOSTENSTELLE, ...)

Da sich beide Objekttypen nur in wenigen Attributen unterscheiden, empfiehlt sich folgendes Vorgehen:
- Definition eines Objekttyps durch Zusammenfassen aller gemeinsamen Attribute (HÖRER)
- Definition eines Objekttyps mit jenen Attributen, die nur interne Hörer besitzen (HÖRER-INTERN)

Somit ergeben sich folgende Objekttypen:

HÖRER (<u>HÖRER#</u>, NAME, VORNAME, FIRMA, ...)
HÖRER-INTERN (<u>HÖRER#</u>, DIENSTSTELLE, KOSTENSTELLE)

Der Objekttyp HÖRER-INTERN wird als Sub-Objekttyp bezeichnet, da dessen Attribute nur eine Ergänzung zu den Attributen eines (Haupt-) Objekttyps darstellen. Ein Sub-Objekttyp muß immer einem Objekttyp zugeordnet sein, er ist selbständig nicht lebensfähig.

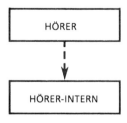

Abb. 2.12. Grafische Darstellung eines Sub-Objekttyps

Bei der grafischen Darstellung sollte der Sub-Objekttyp durch eine strichlierte Linie immer von einem „echten" Objekttyp unterschieden werden. Dies liegt darin begründet, daß manche Datenbanksysteme bei der Umsetzung des konzeptionellen auf das physische Datenmodell die Möglichkeit bieten, den Sub-Objekttyp mit dem (Haupt-) Objekttyp zu einem Objekttyp zu vereinigen. In diesem Fall würden bei allen externen Hörern die Attribute DIENSTSTELLE und KOSTENSTELLEN keine Werte besitzen. Diese Datenbanken speichern die Daten auf den externen Plattengeräten komprimiert ab, sodaß nicht vorhandene Attributwerte keinen Speicherplatz beanspruchen. Um diese Möglichkeit bei der Umsetzung des konzeptionellen Schemas auf das physische Datenbanksystem in Anspruch nehmen zu können, ist es erforderlich, Sub-Objekttypen im konzeptionellen Schema speziell zu kennzeichnen.

Sub-Objekttypen sollten nur dann angewendet werden, wenn sich wenige Objekte in ihren Eigenschaften von anderen Objekten unterscheiden, da je Sub-Objekt ein zusätzlicher Primärschlüssel anfällt. Andererseits läßt sich durch Sub-Objekttypen die Anzahl der (Haupt-) Objekttypen einschränken, was zu einer stärkeren Übersichtlichkeit des Datenmodells führen kann.

2.4 Beziehungen verbinden Objekte

Objekte der Miniwelt stehen in vielfältigen Abhängigkeiten und Beziehungen zueinander. Diese Beziehungen müssen auch im Datenmodell dargestellt werden, sie tragen wesentlich zum Informationsgehalt bei.

Beispiel: Die Firma Moritz ist Vertragshändler der Herstellerfirmen VW, Opel und Fiat, die Firma Fuchs wird von Fiat beliefert.

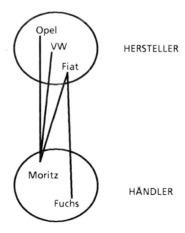

Abb. 2.13. Beispiel von Beziehungen

30   2. Grundbegriffe und Definition

Als Begriff auf Elementebene drückt die Beziehung den funktionellen Zusammenhang zweier Objekte in einer Richtung aus. Zwischen 2 Objekten, die dem gleichen Objekttyp oder unterschiedlichen Objekttypen angehören können, existieren daher immer 2 Beziehungen entsprechend den beiden Verbindungsrichtungen.

Folgende 4 Möglichkeiten von Beziehungen bestehen:
1. *1:1-Muß-Beziehung*

Bei dieser Beziehungsart *muß* jedem Objekt aus „A" *ein* Objekt aus „B" zugeordnet sein. Es kann aber Objekte aus „B" geben, denen keine Objekte aus „A" zugeordnet sind. Dies wird erst durch die entgegengesetzt gerichtete Beziehung festgelegt. Die Zuordnung zu einem Objekt aus „A" muß auf der Basis von dessen Primärschlüssel erfolgen. Dies ermöglicht die eindeutige Auswahl all jener Objekte aus „A", denen Objekte der Menge „B" zuzuordnen sind.

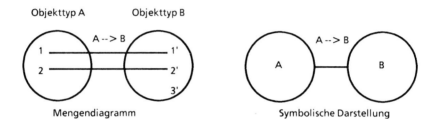

Abb. 2.14. 1:1-Muß-Beziehung

2. *1:1-Kann-Beziehung*

Bei dieser Beziehungsart *kann* jedem Objekt aus „A" *maximal ein* Objekt aus „B" zugeordnet sein. Daher kann es A-Objekte ohne Beziehung zu B-Objekten geben (Objekt 3). Die Zuordnung zu einem Objekt aus „A" erfolgt auf Basis von dessen Primärschlüssel.

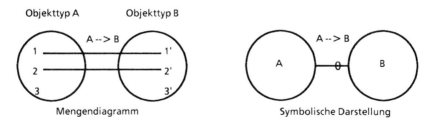

Abb. 2.15. 1:1-Kann-Beziehung

Die symbolische Darstellung dieser Beziehungsart in Form einer Null soll aussagen, daß es A-Objekte mit null Beziehungen zu B-Objekten geben kann. Die Null erscheint bei jener Objektmenge, die mit „A" in Beziehung steht (in diesem Beispiel bei der Menge „B").

3. *1:N-Muß-Beziehung*

Bei dieser Bziehungsart *muß* jedem Objekt aus „A" *mindestens ein* Objekt aus „B" zugeordnet sein. Daher können A-Objekte mit mehr als einer (N) Beziehung zu B-Objekten existieren. Die Zuordnung zu einem Objekt aus „A" erfolgt auf Basis von dessen Primärschlüssel.

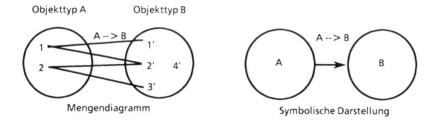

Abb. 2.16. 1:N-Muß-Beziehung

Die symbolische Darstellung dieser Beziehungsart in Form eines Pfeils soll aussagen, daß es A-Objekte mit mehreren (Pfeil) Beziehungen zu B-Objekten geben kann. Der Pfeil erscheint bei jener Objektmenge, die mit „A" in Beziehung steht (in diesem Beispiel bei der Menge „B").

4. *1:N-Kann-Beziehung*

Bei dieser Beziehungsart *können* jedem Objekt aus „A" *null, ein oder mehrere* Objekte aus „B" (N) zugeordnet sein. Daher kann es A-Objekte ohne Beziehungen zu B-Objekten geben (Objekt 3). Die Zuordnung zu einem Objekt aus „A" erfolgt auf Basis von dessen Primärschlüssel.

Die symbolische Darstellung dieser Beziehungsart in Form eines Pfeils mit einer Null soll aussagen, daß es A-Objekte mit null (0) oder mehreren Beziehungen (Pfeil) zu B-Objekten geben kann. Das Symbol erscheint bei jener Objektmenge, die mit „A" in Beziehung steht (in diesem Beispiel bei der Menge „B").

Bei der Überführung von Beziehungen in das Datenmodell werden alle gleichartigen, wechselseitigen Beziehungen zwischen zwei Objekttypen einem gemeinsamen Beziehungstyp zugeordnet. Gehören beide Objektmengen dem gleichen Objekttyp an, spricht man von „rekursiver Objektbeziehung". Auf diese wichtige Beziehungsart wird in Kapitel 6 noch ausführlich eingegangen.

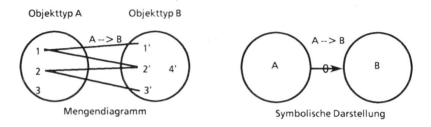

Abb. 2.17. 1:N-Kann-Beziehung

Ein Beziehungstyp (BT) ist der Oberbegriff für eine Menge gleichartiger, wechselseitiger Beziehungen zwischen 2 Objektmengen der Miniwelt. Gleichartig bedeutet gleich im Sinne von 1:1-, 1:N-, Muß- oder Kann-Beziehungen. Der Beziehungstyp als Begriff auf Mengenebene ist nur abstrakt vorhanden, also in der Miniwelt real nicht existent.

Statt Beziehungstyp wird in der Literatur vielfach der Begriff „relationship" verwendet. Design einer Datenbank bedeutet somit Erkennen der Objekt- und Beziehungstypen der Miniwelt und Umsetzen dieser Strukturelemente in ein Datenmodell. Dieser Entwurfsprozeß hat im wesentlichen die Abstraktion der Wirklichkeit zum Inhalt.

2.5 Varianten von Beziehungstypen

Da eine Beziehung eine gerichtete Verbindung zwischen zwei Objekten ist, umfaßt ein Beziehungstyp als Mengenbegriff immer zwei Beziehungsmengen. Die erste Menge enthält alle Beziehungen der Objekte aus „A" in Richtung der Objekte aus „B". Die zweite Menge enthält alle Beziehungen der Objekte aus „B" in Richtung der Objekte aus „A". Da 4 unterschiedliche Möglichkeiten von Beziehungen je Richtung existieren, gibt es insgesamt 16 unterschiedliche Varianten von Beziehungstypen, die in der Matrix von Abb. 2.18 dargestellt sind.

2.5 Varianten von Beziehungstypen   33

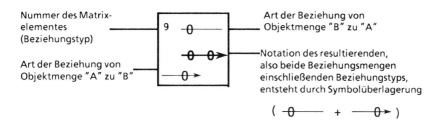

Abb. 2.18. Mögliche Beziehungstypen (BT-Matrix)

Eine Spalte der Matrix enthält die Art der Beziehungen von Objektmenge „B" in Richtung auf Objektmenge „A" (z.B. 3. Spalte 1:N-K-Beziehung, Symbol befindet sich im rechten oberen Teil des Matrixelementes). Eine Matrixzeile enthält die Art der Beziehungen von Objektmenge „A" in Richtung auf Objektmenge „B" (z.B. 4. Zeile 1:N-M-Beziehung, Symbol befindet sich im linken unteren Teil des Matrixelementes).

Ein Schaubild gewinnt umso mehr an Übersichtlichkeit und damit Ausdrucksvermögen, je weniger unterschiedliche Grafiksymbole Verwendung finden. Die am Designprozeß Beteiligten werden ein Strukturdiagramm als Abbild der zu konkretisierenden Miniwelt umso eher als gemeinsame Arbeitsgrundlage akzeptieren, je verständlicher und übersichtlicher die Datenstrukturen dargestellt sind. Aus diesen Erwägungen heraus sollte prinzipiell angestrebt werden, innerhalb eines Strukturdiagramms die Anzahl der verschiedenartigen Grafiksymbole soweit wie möglich zu reduzieren.

Die Varianten 1 bis 4 enthalten wechselseitige 1:1-Beziehungen. In aller Regel ist es nicht notwendig, diese Beziehungstypen, die ohnedies eher selten auftreten, durch ein eigenes Symbol darzustellen. Es wird empfohlen, bei der Behandlung und Darstellung dieser Beziehungstypen wie bei 1:N-Beziehungen zu verfahren, also den Wert „1" als eine mögliche, nicht speziell hervorhebenswerte Ausprägung von „N" anzusehen.

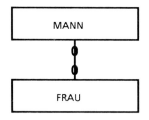

Abb. 2.19. Beispiel einer wechselseitigen 1:1-Beziehung

Das Beispiel der 1:1-Beziehung zeigt, daß ein Mann mit einer oder keiner Frau verheiratet sein kann, und umgekehrt eine Frau mit maximal einem Mann verehelicht oder alleinstehend sein kann.

2.5.1 1:N-Beziehungstypen

Die Beziehungstypen 5 bis 12 der BT-Matrix enthalten immer eine 1:N- und eine 1:1-Beziehung. Symbolisch werden diese Beziehungstypen im Strukturdiagramm durch einen Pfeil dargestellt. Die Pfeilspitze zeigt dabei in die Richtung der 1:N-Beziehung, das Pfeilende zeigt in die Richtung der 1:1-Beziehung. Beide Beziehungen werden durch den Begriff des Beziehungsgrades zusammengefaßt. Der Beziehungsgrad 1:N sagt aus, daß in eine Richtung 1:N-Beziehungen und in die andere Richtung 1:1-Beziehungen bestehen.

Nachfolgend sind die Beziehungstypen 9 bis 12 zur Verdeutlichung in Form von Mengendiagrammen dargestellt.

2.5 Varianten von Beziehungstypen

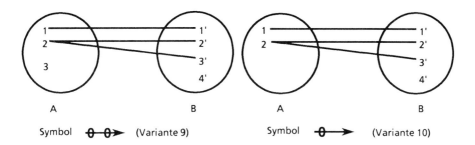

Abb. 2.20. Mengendiagramm der BT-Varianten 9 und 10

Das Symbol der Variante 9 ist z.B. folgendermaßen zu interpretieren:
- Beziehungen von „A" zu „B":
A-Objekte können mit null (Symbol 0 bei „B") oder mehreren B-Objekten (Symbol Pfeil, Pfeilspitze auf „B" gerichtet) in Beziehungen stehen. Beide Symbole werden überlagert.
- Beziehungen von „B" zu „A":
B-Objekte können mit null (Symbol 0 bei „A") oder mit maximal einem A-Objekt (Symbol Pfeil, Pfeilende auf „A" gerichtet) in Beziehung stehen.

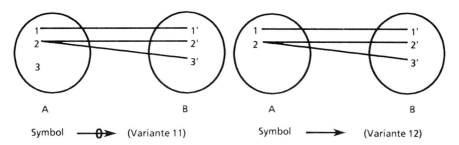

Abb. 2.21. Mengendiagramm der BT-Varianten 11 und 12

Die BT-Varianten 9 bis 12 entsprechen den Varianten 5 bis 8 mit dem Unterschied, daß die Beziehungen entgegengesetzt gerichtet sind. Da die Umkehrung der Richtungen keine neuen semantischen Inhalte bringt, brauchen die Varianten 5 bis 8 nicht weiter betrachtet zu werden.

2.5.2 M:N-Beziehungstypen

Die Beziehungstypen 13 bis 16 der BT-Matrix enthalten in beide Richtungen 1:N-Beziehungen. In diesem Fall wird der Beziehungsgrad mit M:N festgelegt und im Strukturdiagramm durch einen Pfeil mit jeweils 2 Spitzen abgebildet. Jede Pfeilspitze zeigt dabei in Richtung einer 1:N-Beziehung.

Die folgenden Darstellungen enthalten diese Beziehungstypen in Form von Mengendiagrammen.

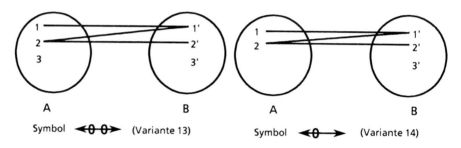

Abb. 2.22. Mengendiagramm der BT-Varianten 13 und 14

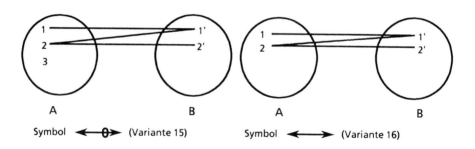

Abb. 2.23. Mengendiagramm der BT-Varianten 15 und 16

Wie ein Naturgesetz, das immer Gültigkeit besitzt, kann folgende Regel grundsätzlich in jeder Struktur angewendet werden.

Naturgesetz der Datenstrukturierung:
Jeder Beziehungstyp vom Grad M:N, auch als „viele-zu-viele Beziehung" bezeichnet, kann immer in 2 Beziehungstypen vom Grad 1:N zerlegt werden.

Anhand der folgenden Abbildung soll der Nachweis geführt

werden, daß die zwischen den Objekttypen KUNDE und ARTIKEL bestehende Beziehung vom Grad M:N in zwei 1:N-Beziehungen zerlegt werden kann.

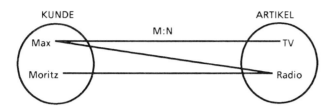

Abb. 2.24. Beispiel eines M:N-Beziehungstyps

Da der Kunde „Max" zwei Artikel („TV" und „Radio") bestellt, und umgekehrt der Artikel „Radio" von mehr als einem Kunden („Max" und „Moritz") geordert wird, enthält das Beispiel einen Beziehungstyp vom Grad M:N. Durch Einführen eines zunächst beliebigen Objekttyps (STRUKTUR) erfolgt eine Aufteilung in die beiden Beziehungstypen BT1 und BT2.

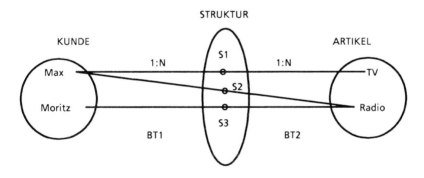

Abb. 2.25. Zerlegung eines M:N-Beziehungstyps

Der Beziehungstyp BT1 ist vom Grad 1:N, da sämtliche Objekte des Typs STRUKTUR („S1", „S2", „S3") immer nur mit einem Objekt des Typs KUNDE in Beziehung stehen. Auch BT2 ist aus den gleichen Gründen vom Grad 1:N. Das sich im Rahmen dieser Auflösung ergebende Strukturbild ist in Abb. 2.26 festgehalten.

In einem weiteren Schritt muß überlegt werden, welche Attribute man diesem künstlich geschaffenen Objekttyp STRUKTUR zuordnen kann. Dabei soll nochmals hervorgehoben werden, daß dieser dritte Objekttyp nur dann existiert, wenn zwei Objektmengen wechselseitig

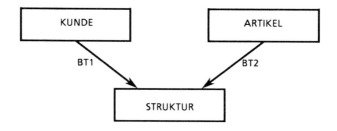

Abb. 2.26. Strukturdiagramm eines zerlegten M:N-Beziehungstyps

in vielfacher Beziehung stehen. Man kann dann diesem „Beziehungs-Objekttyp" all jene Eigenschaften zuordnen, die erst durch die Beziehung der beiden Objekttypen entstehen und die für keine der beiden Objektmengen spezifisch sind. In dem Beispiel könnten sich die Attribute MENGE (der bestellten Artikel), DATUM (der Bestellung), oder RABATT ergeben. Damit wird deutlich, daß der Objekttyp STRUKTUR in diesem Fall die Information von Aufträgen oder Bestellungen enthält. Diese Eigenschaften des Beziehungs-Objekttyps werden als *Beziehungsattribute* bezeichnet.

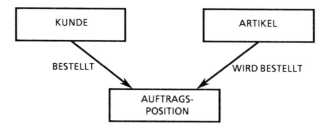

Abb. 2.27. Datenstruktur eines Auftragsabwicklungssystems

Die Beziehungen vom Objekttyp AUFTRAGSPOSITION zu KUNDE und ARTIKEL müssen immer 1:1-Muß-Beziehungen sein, da jedes Objekt der verbindenden Objektmenge (z.B. eine bestimmte Auftragsposition „S2") immer nur mit jeweils genau einem Objekt der beiden Objekttypen (z.B. Kunde „Max" und Artikel „Radio") in Beziehung stehen muß. Eine Auftragsposition, die entweder keinem Kunden oder z.B. zwei unterschiedlichen Artikeln zugeordnet ist, stellt sicherlich eine falsche Abbildung der Miniwelt auf die Ebene des Datenmodells dar.

Die Beziehungstypen 13 bis 16 der BT-Matrix können daher ent-

2.5 Varianten von Beziehungstypen

sprechend der Abb. 2.28 folgendermaßen in jeweils 2 Beziehungstypen aufgespalten werden.

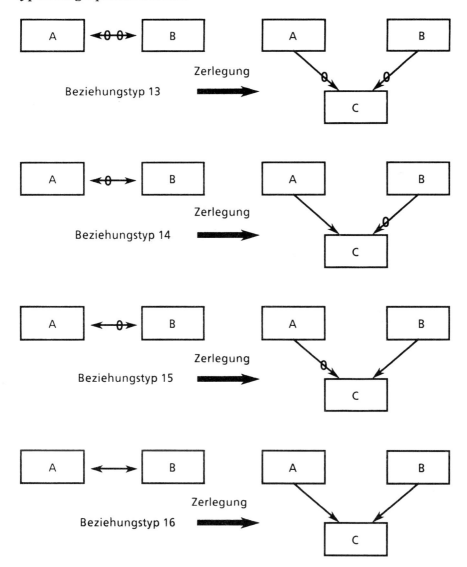

Abb. 2.28. Mögliche M:N-Beziehungstypen und deren Zerlegung

Im Hinblick auf die Übersichtlichkeit von Strukturdiagrammen wird empfohlen, sämtliche M:N-Beziehungstypen zu zerlegen, um auf das Symbol des Doppelpfeils verzichten zu können.

Die Beziehungstypen auf der Hauptdiagonale der BT-Matrix sind symmetrisch, d.h. in beide Beziehungsrichtungen gleichartig. Die an der Hauptdiagonale gespiegelten Beziehungstypen besitzen, bis auf die entgegengesetzte Richtung, gleiche Eigenschaften, d.h. die Pfeile in der Symboldarstellung sind entgegengesetzt gerichtet.

Abschließend sollen die vorgestellten Begriffe nochmals kurz im Zusammenhang mit dem Entwurfsvorgang von Datenbanken betrachtet werden. Nach der Abgrenzung der Miniwelt müssen in einem ersten Schritt die unterschiedlichen Objekte und Beziehungen als relevante Einzelelemente gesammelt, auf ihre Eigenschaften hin untersucht und gleichartige Elemente zusammengefaßt werden. Im Zuge dieser Abstraktion der Miniwelt entstehen Objekt- und Beziehungstypen, die damit zum Fundament des methodischen Entwurfsprozesses von Datenbanken werden. In einem zweiten Schritt werden die Objekt- und Beziehungstypen nach Regeln und Methoden, auf die noch näher eingegangen wird, gleichsam wie Bausteine zu beliebig komplexen Datenstrukturen zusammengesetzt. Wie der Bauplan des Architekten oder der Konstruktionsplan des Konstrukteurs, dient das dabei entstehende Strukturdiagramm des Datenbank-Designers als verbindliche Arbeitsgrundlage für all jene Benutzer, die im Anschluß an den Entwurf mit der Datenbank arbeiten müssen, vom Datenbank-Administrator bis zum Programmierer oder dem Endbenutzer in der Fachabteilung.

2.6 Tabellarische Darstellung von Objekttypen

Jeder Objekttyp kann zusammen mit seinen Objekten in Tabellenform dargestellt werden. Eine solche Tabelle wird als *Relation* bezeichnet und erhält einen innerhalb des Datenmodells eindeutigen Namen.

Jede Relation besitzt folgende grundlegende Merkmale:
1. Zweidimensionale Eigenschaft.
2. Die Spalten, als horizontale Dimension einer Relation, entsprechen den Attributen. Die Anordnung der Spalten innerhalb der Tabelle ist beliebig.
3. Die Zeilen, als vertikale Dimension einer Relation, entsprechen den einzelnen Objekten. Die Anordnung der Zeilen innerhalb der Tabelle ist beliebig.
4. Jeder Kreuzungspunkt von Spalte und Zeile enthält nur maximal einen Attributwert.

2.6 Tabellarische Darstellung von Objekttypen 41

5. Jede Tabellenzeile ist durch einen eindeutigen Primärschlüsselwert identifiziert, der sich aus dem Inhalt mehrere Attribute zusammensetzen kann („Zusammengesetzter Schlüssel"). Zur Unterscheidung von anderen Attributen wird der Primärschlüssel immer unterstrichen.
6. Jede Tabelle besitzt einen innerhalb des Datenmodells eindeutigen Namen.

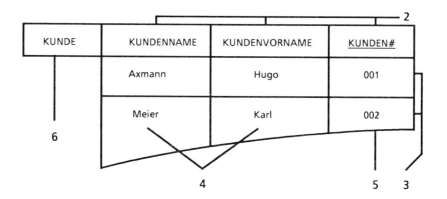

Abb. 2.29. Beispiel einer Relation (die Ziffern entsprechen den im Text angeführten Eigenschaften)

Für die abgekürzte Darstellung einer Relation bzw. eines Objekttyps kann folgende Schreibweise benutzt werden, die schon bei der Erklärung der Sub-Objekttypen eingeführt wurde:

KUNDE (KUNDEN#, KUNDENNAME, KUNDENVORNAME)

M:N-Beziehungstypen lassen sich ebenfalls in Form von Tabellen (Relationen) darstellen. Die paarweise Zuordnung der Objekte der beiden in logischer Beziehung stehenden Objekttypen wird durch Übernahme der beiden Primärschlüssel in den Beziehungs-Objekttyp als zusammengesetzter Primärschlüssel festgehalten.
Beispiel: Die Beziehungs-Relationen AUFTRAGSPOSITION wird formal wie folgt dargestellt:

AUFTRAGSPOSITION (KUNDEN#,ARTIKEL#,MENGE,DATUM,RABATT,.....)

Der zusammengesetzte Primärschlüssel weist darauf hin, daß ein Kunde mehrere Artikel beziehen kann, und ein Artikel an mehrere

Kunden geliefert werden kann. Wird der gleiche Artikel mehrmals an einen bestimmten Kunden geliefert, ist der Primärschlüssel nicht mehr eindeutig. Der Schlüssel muß dann durch eine fortlaufende Nummer (AUF#) erweitert werden.

AUFTRAGSPOSITION(KUNDEN#,ARTIKEL#,AUF#,MENGE, DATUM, RABATT, ...)

Die Wahl des Primärschlüssels ist somit ein wesentlicher Aspekt im Modellierungsprozeß eines konzeptionellen Schemas, da davon die realitätsgetreue Abbildung der Miniwelt abhängt.

3. Konzeptioneller Entwurf von Datenbanken

3.1 Abgrenzen der Miniwelt

Datenmodellierung heißt Umsetzen der Wirklichkeit auf die Ebene der Datenverarbeitung. Ein Datenmodell als Abbild der gesamten realen Welt eines Unternehmens ist aber weder möglich noch sinnvoll, vielmehr kann immer nur ein Ausschnitt aus der realen Welt, eine sogenannte „Miniwelt" des DV-Anwenders beschrieben werden. Daher muß jedem Datenmodellierungsprojekt ein Abgrenzungsprozeß vorausgehen, bei dem möglichst präzise festgelegt wird,
- welcher Ausschnitt aus der realen Umwelt in das Datenmodell eingehen soll und
- für welche existierenden oder geplanten DV-Verfahren das Datenmodell als Grundlage dienen soll.

Dabei sind möglichst eindeutige Kriterien festzulegen, die im Zweifel bei der nachfolgenden Datenmodellierung eine Entscheidung ermöglichen, ob ein bestimmtes Detail Bestandteil der Miniwelt (und damit des Datenmodells) ist oder nicht. Je klarer ein Unternehmen von seiner Umwelt abgegrenzt ist, desto einfacher ist die Miniwelt festzulegen. In der Regel müssen jedoch zahlreiche Beziehungen zu Kunden, Dienstleistungsunternehmen, Partnerfirmen, Behörden etc. mit berücksichtigt werden. Damit eine problemlose Ausweitung des Datenmodells in weiteren Projekten möglich ist, müssen die Schnittstellen zu weiteren Miniwelten (Unternehmensteile, Außenwelt, Verfahren) sorgfältig untersucht und dokumentiert werden.

Ein klar abgegrenzter, nicht zu weit gefaßter Realitätsausschnitt ist eine entscheidende Voraussetzung für den Erfolg eines Datenmodellierungsprojektes. Nur dadurch ist die Voraussetzung gegeben, daß das Datenmodell eine wirklichkeitsgetreue und detailgenaue Vorlage für den praktischen Aufbau einer physischen Datenbasis liefert. Im Zweifelsfall ist immer nach dem Grundsatz „small but successfull" zu verfahren, umfangreichere Vorhaben sind gegebenenfalls in mehrere aufeinanderfolgende Einzelprojekte aufzulösen. Ergebnis dieses Abgrenzungsprozesses ist eine Beschreibung der funktionalen Zusammenhänge und der fachlichen Arbeitsweise des Systems, das den gewählten Realitätsausschnitt abbildet.

3.2 Erstellen des Datenmodells

In einem zweiten Schritt ist die Miniwelt auf die enthaltenen Daten und deren Beziehungen hin zu analysieren. Diese Informationen werden anschließend zu sinnvollen Strukturkomponenten zusammengesetzt und im Rahmen eines Datenmodells angeordnet. Dieser Prozeß ist vorwiegend fachlich organisatorisch orientiert und berücksichtigt lösungstechnische Aspekte zunächst nicht. Im Vordergrund steht die Frage, was das Datenmodell leisten soll, und nicht, wie das Modell zu realisieren ist. Ziel dieses Entwurfsschrittes ist die Erarbeitung eines systemneutralen Datenmodells, das die Miniwelt vollständig, widerspruchsfrei, konsistent und redundanzfrei auf einer rein logischen Ebene beschreibt und das sich gegenüber Änderungen oder Erweiterungen der Miniwelt flexibel verhält. Dieses Ergebnis wird allgemein als „konzeptionelles Schema" bezeichnet. Da in dieser Phase bei der Erstellung von Datenstrukturen überwiegend von Fachproblemen ausgegangen wird, sind zum Verständnis in aller Regel detaillierte Fachkenntnisse und nicht DV-Kenntnisse erforderlich. Gerade die Konzipierung des konzeptionellen Schemas aus logischer Sicht bietet die Gewähr dafür, daß die ersten Datenmodelle von Mitarbeitern der Fachabteilungen erstellt werden können, die das Problem am besten kennen. Voraussetzung für den Erfolg des gesamten Designvorganges ist, daß das von den betroffenen Fachabteilungen ohne spezielle DV-Kenntnisse entwickelte Datenmodell auch vom DV-Bereich verstanden und akzeptiert werden kann. Denn es liegt in der Verantwortung dieses Bereiches, das logische Datenmodell optimal auf ein bestimmtes physisches Datenbanksystem umzusetzen. Eine möglichst frühzeitige kooperative Zusammenarbeit von Fachabteilungen und DV-Bereich kann dieses Problem zumeist entschärfen.

Das konzeptionelle Schema dient somit als Basis für die Kommunikation zwischen Anwendern und DV-Bereich. Für den DV-Bereich stellt das logische Datenmodell die Grundlage für die Ableitung eines zugriffs- und speicherplatzoptimierten physischen Datenmodells im Rahmen eines konkreten Datenbanksystems dar. Die Fachbereiche müssen das Datenmodell als Arbeitsgrundlage für die Diskussion fachlicher Datenzusammenhänge verwenden können, wobei jeder Fachbereich eine unterschiedliche Sicht auf die Daten und deren Zusammenhänge haben kann, d.h. es kann eine beliebige Zahl sogenannter „user-views" existieren. Schließlich soll das Datenmodell

Basis für die unternehmensweite Planung und Realisierung strategischer Informationssysteme sein, angefangen von der individuellen Datenverarbeitung bis hin zur Informationsdrehscheibe eines integrierten Bürokommunikations-Systems.

Somit läßt sich jedes Informationssystem aus 3 Ebenen heraus betrachten:
 - die Ebene der Miniwelt als Teilausschnitt der realen Welt
 - die Ebene des konzeptionellen Schemas als logische Gesamtsicht der transformierten Miniwelt. Das konzeptionelle Schema ist die Summe aller logischen Benutzersichten („user-views")
 - die rechnerinterne Ebene als technische Sicht des auf ein bestimmtes physisches Datenbanksystem transformierten konzeptionellen Schemas.

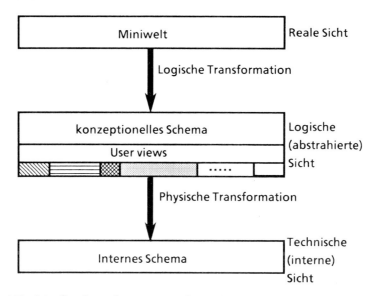

Abb. 3.1. Strukturebenen von Informationssystemen

Die beiden Säulen des Datenbankentwurfs sind die Informationsanalyse und die Funktionsanalyse.

3.3 Funktionsanalyse

Die Funktionsanalyse beschäftigt sich mit den elementarsten Strukturelementen, den Attributen und deren Beziehungen zueinander. Dabei stellt das Verfahren von all jenen Anwendungen, die in Zukunft mit der geplanten Datenbank zusammenarbeiten sollen, fest, welche Daten in welcher Form (lesend oder schreibend) benötigt werden. Die gewünschten Zugriffe zu den Datenelementen aus der Sicht der unterschiedlichen Anwendungen sind Basis dieser Methode. Eine Benutzersicht kann beispielsweise darin bestehen, daß von der Kundennummer ausgehend über die bestellten Aufträge zu den entsprechenden Artikeldaten zugegriffen wird. Nach Sammlung aller benötigten Attribute werden diese in einem weiteren Schritt nach bestimmten Regeln, den Normalisierungsregeln, zu größeren Informationseinheiten, den Objekttypen, zusammengesetzt. Da ähnlich einem Puzzlespiel die elementaren Datenelemente zu größeren Bausteinen zusammengefügt werden, um schließlich ein umfassendes Bild, d.h. eine gemeinsame, integrierte Datenstruktur, zu erhalten, wird auch oft von einem „Bottom-up-Ansatz" gesprochen. Das Problem dieses Verfahrens liegt daran, daß eine möglichst umfassende Kenntnis der geplanten Anwendungen vorliegen muß, um mit dem Datenbankentwurf beginnen zu können. Die Funktionsanalyse ist nur dann zielführend, wenn Anwendungen bereits im Hinblick auf benötigte Attribute und deren Verarbeitungsarten genauestens analysiert wurden. Benutzersichten bestehender Anwendungen werden aus existierenden Dokumenten, wie z.B. EDV-Listen, Masken, Formularen, abgeleitet. Bei neu zu realisierenden Funktionen muß im Rahmen von Interviews die Unterstützung der entsprechenden „Know-how-Träger", zumeist in den Fachabteilungen angesiedelt, in Anspruch genommen werden.

Da dieser Ansatz von den elementaren Datenfeldern ausgeht, ist in aller Regel am Beginn des Verfahrens mit einer großen Datenmenge zu rechnen. Daher kommt eine manuelle Abwicklung dieses Verfahrens aus Gründen des Zeitaufwandes, der Fehleranfälligkeit und der mangelnden Übersichtlichkeit zumeist nicht in Betracht.

3.4 Informationsstruktur-Analyse

Dieses Verfahren geht von einem, zunächst noch sehr groben, Informationsmodell der Miniwelt aus. In einem ersten Schritt müssen im Rahmen eines Abstraktionsprozesses die wesentlichen Informationsobjekte erkannt und definiert werden, wobei es auf dieser Stufe des Designvorganges auf eine weitere Detaillierung nicht ankommt. Entsprechend den wechselseitigen, zumeist komplexen, Beziehungen der abzubildenden Wirklichkeit sind die definierten Informationseinheiten im Datenmodell zu verknüpfen.

Beispielsweise wird im Rahmen eines Auftrags- und Bestell-Abwicklungssystems festgelegt, daß Kunden, Aufträge, Artikel, Lieferanten und Bestellungen die tragenden Informationsobjekte des für diesen Aufgabenbereich zu definierenden Datenmodells sind. Über Bestellungen und Lieferungen stehen Kunden bzw. Lieferanten innerhalb der Miniwelt in Beziehungen zu den bestellten bzw. gelieferten Artikeln. Diese Beziehungen werden in Form von Beziehungstypen in das Datenmodell eingebracht.

Ausgehend von einem Grobentwurf werden die Informationsobjekte stufenweise bis auf Attributebene verfeinert. Da man im Gegensatz zur Funktionsanalyse mit groben Strukturkomplexen beginnt und schrittweise zu detaillierten Datenstrukturen gelangt, wird diese Systementwicklungsmethode auch als „Top-down-Ansatz" bezeichnet. Der Anstoß dieses Verfahrens kommt sehr oft aus der dispositiven oder strategischen Ebene eines Unternehmens, da Mittel- bzw. Topmanagement aufgrund ihrer umfassenden, gesamtheitlichen Sicht des Unternehmens am ehesten die erforderlichen Informationen zur Verfügung stellen können. Dieses Verfahren geht von einer vorwiegend statischen Sicht der Miniwelt aus, da die zu betrachtenden Daten und Informationen sowie deren wechselseitige, vielfältige Beziehungen in aller Regel nur einem geringfügigen Änderungsprozeß unterworfen sind. In Anbetracht der strategischen, längerfristigen Zielsetzung eines unternehmensweiten Datenmodells ist es bei Analyse von Einzelproblemen häufig zweckmäßig, beim Designprozeß immer zuerst auf dem „Top-down-Verfahren" aufzusetzen. Die zunehmende Verfeinerung grober Informationskomplexe führt zu einem Modell, das mit dem aus dem „Bottom-up-Ansatz" entstandenen Modell in Abgleich gebracht werden muß. Dabei kann sich herausstellen, daß das „Bottom-up-Modell" zu vervollständigen, beziehungsweise das „Top-down-Modell" zu verfeinern ist. Der „Top-down-Ansatz" hat den Vorteil, daß mit dem Datenbankdesign schon in einer frühen Phase des Projektablaufs bei der Erstellung des Grobkonzeptes begonnen werden kann und daß in Anbetracht der überschaubaren Menge von Strukturelementen auch auf manueller Basis relativ rasch ein befriedigendes Ergebnis erreicht werden kann.

Wesentlich ist, daß das Datenmodell grafisch in ein Strukturdiagramm umgesetzt werden muß, als einheitliches und allgemein verständliches Kommunikationsmittel für jenen Personenkreis, der an der Konzipierung und Nutzung des geplanten Informationssystems beteiligt ist.

3. Konzeptioneller Entwurf von Datenbanken

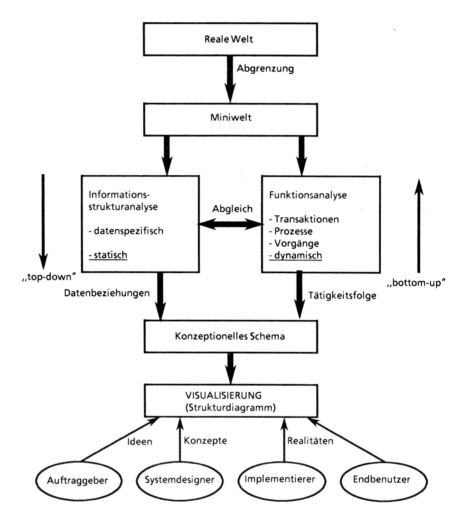

Abb. 3.2. Verfahrensablauf der Datenmodellierung

3.4 Informationsstruktur-Analyse

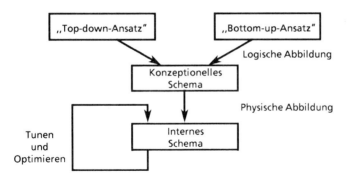

Abb. 3.3. Konzeptionelles Datendesign

4. Normalisieren von Relationen

Beim Entwurfsprozeß einer Datenbank stellt sich unmittelbar die Frage, welche Relationen mit welchen Attributen erforderlich sind, um die Miniwelt richtig, vollständig und konsistent, d.h. in sich widerspruchsfrei abzubilden. Wir betrachten das Beispiel „Auftragsabwicklung" des zweiten Kapitels mit den Objekttypen KUNDE, ARTIKEL und AUFTRAGSPOSITION.

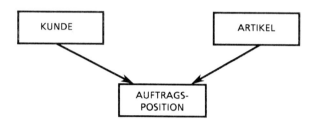

KUNDE (<u>KUNDEN#</u>, KUNDENNAME, KUNDENVORNAME, ADRESSE, ...)
AUFTRAGSPOSITION (<u>KUNDEN#, ARTIKEL#</u>, MENGE, ...)
ARTIKEL (<u>ARTIKEL#</u>, ARTIKELBEZ, ...)

Abb. 4.1. Datenmodell einer Auftragsabwicklung

Intuitiv empfindet man diese Struktur als korrekt. Die Relationen kommen einem richtig und notwendig vor, die Attribute erscheinen sinnvoll und den richtigen Relationen zugeordnet. Dennoch wäre es wünschenswert, ein Regelwerk zur Überprüfung auf Korrektheit von Datenstrukturen zu besitzen, um die Qualität eines Datenmodells nach rationalen und objektiven Gesichtspunkten beurteilen zu können.

Wer sagt denn, daß das Attribut ADRESSE dem Objekttyp KUNDE zugeordnet sein muß? Versuchsweise soll das Feld ADRESSE von der Relation KUNDE zur Relation AUFTRAGSPOSITION verlagert werden. In der folgenden Darstellung werden nur die Auftragspositionen des Kunden Meier mit seiner Adresse Wien betrachtet.

Man erkennt bei dieser Strukturvariante sofort, daß der Wert des Attributes ADRESSE mehrfach je Kunde gespeichert wird. Im Gegensatz zu der ursprünglichen Lösung führt diese Redundanz zu einer Reihe gravierender Probleme. Ändert sich z.B. die Adresse eines Kunden, dann muß diese Änderung in allen Auftragspositionen

4. Normalisieren von Relationen

des entsprechenden Kunden durchgeführt werden. Der Aufwand und die damit verbundenen Fehlermöglichkeiten dieses Änderungsvorganges sind gegenüber der Ausgangsvariante ungleich höher.

KUNDE			
KUNDEN#	KUNDEN NAME	----	ADRESSE
123	Meier		Wien
...	...		...

AUFTRAGS-POSITION				
KUNDEN#	ARTIKEL#	MENGE	----	ADRESSE
123	1002	22		Wien
123	1105	15		Wien
123	2450	90		Wien
...	...	...		...

Abb. 4.2. Ausprägungen der Aufträge des Kunden Meier

Ein nützliches Designprinzip besteht darin, einen Sachverhalt (z.B. die Adresse) nur an einer Stelle in der Datenstruktur (z.B. beim Kunden) zu modellieren, um somit weitgehendst Redundanzen zu vermeiden.

Die Anwendung der Normalisierungsregeln auf Datenstrukturen läßt einerseits unerwünschte Eigenschaften von Relationen erkennen (z.B. ADRESSE als Attribut des Objekttyps AUFTRAGSPOSITION) und zeigt andererseits den Weg, wie man durch Umformung und Zerlegung von Relationen eine Verbesserung des Datenmodells erreichen kann.

Die Normalisierungsregeln ermöglichen das Erkennen nicht korrekter Relationen sowie das Aufspalten von fehlerhaften in richtige Relationen. Normalisieren heißt aber auch Erkennen und Reduzieren von Redundanzen.

4.1 Unnormalisierte Relation

Eine Relation wird dann als unnormalisiert bezeichnet, wenn an einem Kreuzungspunkt von Zeile und Spalte mehr als ein Wert vorkommen kann. Anders ausgedrückt bedeutet „nicht normalisiert", daß das Attribut eines konkreten Objektes zu einem Zeitpunkt mehr als einen Wert annehmen kann.

Der gesamte Vorgang der Normalisierung soll anhand eines durchgängigen Beispiels aus dem Gebiet des Ausbildungswesens veranschaulicht werden. Eine Realitätsanalyse führt dabei zu folgenden verbalen Feststellungen:

Ein Dozent, identifiziert durch DOZENTEN#, besitzt einen Namen (D-NAME), und unterrichtet eine bestimmte Anzahl von Tagen pro Jahr (D-TAGE) an Schulen. Jede Schule, gekennzeichnet durch SCHUL#, ist an einer Adresse (S-ADRESSE) lokalisiert. Ein Hörer, identifiziert durch HÖRER# und charakterisiert durch das Attribut H-NAME, wird von Dozenten in Kursen unterrichtet. Jeder Kurs, durch das Attribut KURS identifiziert, dauert eine bestimmte Anzahl von Tagen (K-TAGE).

Spontan wird in einem ersten Schritt der Versuch unternommen, alle diese Aussagen in Form einer einzigen Relation DOZENT-UN darzustellen. Aus Platzgründen erscheint die Zeile 4750 der Relation DOZENT-UN in der Abb. 4.3 in Form von 2 Zeilen. Diese Relation ist deshalb unnormalisiert, weil die Attribute HÖRER#, H-NAME, KURS und K-TAGE des Objektes „4750" (DOZENTEN#) mehrfache Wertausprägungen besitzen. Diese Relation läßt z.B. keine Aussage darüber zu, ob der Hörer „8001" „Huber" oder „Müller" heißt, welchen Kurs der Hörer „Huber" besucht, oder wie lange der Kurs „APL" dauert. Die Aufgabenstellung wird unvollständig auf ein Datenmodell abgebildet. Weiters kann gezeigt werden, daß beim Löschen, Speichern und Ändern von Objekten unnormalisierter Relationen Unstimmigkeiten und Fehler, sogenannte Anomalien, auftreten können.

Wird ein Objekt mit der DOZENTEN# „6000" eingespeichert (Abb. 4.4), dann führt SCHUL# „003" und S-ADRESSE „Berlin" zu einem Widerspruch, da schon ein Objekt der Nummer „003" mit der Adresse „Wien" existiert. Gleiches trifft für die Hörer mit den Nummern „8001" und „8432" zu.

4.1 Unnormalisierte Relation

DOZENT-UN								
DOZENTEN#	D-NAME	D-TAGE	SCHUL#	S-ADRESSE	HÖRER#	H-NAME	KURS	K-TAGE
4711	Meier	40	001	München	8001	Huber	Cobol	10
4750	Schmidt	61	003	Wien	8001	Huber	APL	15
					8432	Müller	Basic	5
5000	Adam	50	003	Wien	8432	Müller	Cobol	10
...	...	...	...	...	...	...	...	...

Abb. 4.3. Unnormalisierte Relation

DOZENTEN#	D-NAME	D-TAGE	SCHUL#	S-ADRESSE	HÖRER#	H-NAME	KURS	K-TAGE
6000	Wang	0	003	Berlin	8001, 8432	Max, Moritz	Cobol, APL	10, 10

FALSCH! FALSCH! FALSCH!

Abb. 4.4. Speicheranomalie der Relation DOZENT-UN

Zusammenfassend kann festgestellt werden, daß unnormalisierte Relationen folgende Nachteile besitzen:
- die Realität wird nur unvollständig auf ein Datenmodell abgebildet
- beim Einspeichern, Löschen und Ändern von Objekten kann es zu logischen Widersprüchen bzw. Inkonsistenzen (Anomalien) kommen
- die variable Länge von Objekten unnormalisierter Relationen verkompliziert deren DV-technische Verarbeitung.

Es ist daher unbedingt anzustreben, unnormalisierte Relationen derart aufzuspalten, daß die Attribute aller Objekte nur einfache Wertausprägungen besitzen. Dieser Prozeß, Normalisierung genannt, überführt eine unnormalisierte Relation in eine Relation erster Normalform.

4.2 Erste Normalform (1NF)

Eine Relation befindet sich dann in erster Normalform, wenn jeder Kreuzungspunkt von Zeile und Spalte nur maximal einen Wert besitzt, wie dies schon im Kapitel 2.6 als grundlegende Eigenschaft einer Relation gefordert wurde.

Im Rahmen des Normalisierungsprozesses wird eine unnormalisierte Relation so umgestaltet, daß mehrfache Wertausprägungen von Attributen einer Zeile (z.B. H-NAME) in einfache Wertausprägungen mehrerer Zeilen transformiert werden. So entstehen für das Objekt mit DOZENTEN# „4750" in der 1NF-Relation DOZENT-1NF zwei Objekte, da Dozent „Schmidt" zwei Hörer unterrichtet.

DOZENT-1NF								
DOZENTEN#	D-NAME	D-TAGE	SCHUL#	S-ADRESSE	HÖRER#	H-NAME	KURS	K-TAGE
4711	Meier	40	001	München	8001	Huber	Cobol	10
4750	Schmidt	61	003	Wien	8001	Huber	APL	15
4750	Schmidt	61	003	Wien	8432	Müller	Basic	5
5000	Adam	50	003	Wien	8432	Müller	Cobol	10
...	...	...	...	...	...	...	...	...

Abb. 4.5. Relation in erster Normalform

Da bei dieser Transformation allerdings die Eindeutigkeit des Primärschlüssels nicht mehr gegeben ist, muß dieser neu definiert werden. Durch Hinzunahme eines weiteren Attributes, wie in diesem Beispiel HÖRER#, wird ein neuer zusammengesetzter Primärschlüssel gebildet.

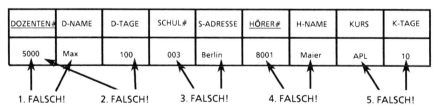

Abb. 4.6. Speicheranomalien einer 1NF-Relation

Wird ein Objekt mit DOZENTEN# „5000" mit den Werten entsprechend der Abb. 4.6 eingespeichert, kommt es immer noch zu einer Reihe von Speicheranomalien:
1. Zu der bereits bestehenden Dozentennummer „5000" mit Namen „Adam" wird ein weiterer Name „Max" aufgenommen; somit existiert ein Dozent mit zwei unterschiedlichen Namen.
2. Im Hinblick auf das Attribut D-TAGE liegt hier die gleiche Situation wie beim Attribut D-NAME des ersten Punktes vor.
3. Die Eindeutigkeit des Attributes SCHUL# wird durch den Wert „003" verletzt, eine Schule existiert zugleich an den 2 Orten „Berlin" und „Wien".
4. Die Eindeutigkeit des Attributes HÖRER# wird durch den Wert „8001" verletzt, es existiert ein Hörer mit den 2 unterschiedlichen Namen „Huber" und „Maier".
5. Die Eindeutigkeit des Attributes KURS wird durch den Wert „10" verletzt, da bereits ein APL-Kurs mit 15 Tagen Kursdauer existiert.

Beispiel einer möglichen Löschanomalie: Hat der Hörer „Müller" den Kurs „COBOL" beendet, dann verschwindet durch Löschen der Zeile „5000" sämtliche Information über den Dozenten „Adam".

Beispiel einer möglichen Änderungs-Anomalie: Wird bei der Änderung der Adresse von „Wien" auf „Berlin" nur eine statt der betroffenen drei Zeilen der Relation DOZENT-1NF geändert, entstehen aufgrund der unterschiedlichen Adreßinformationen logische Inkonsistenzen.

Ein weiterer Nachteil dieser Relation besteht darin, daß eine gegebene Aufgabenstellung nur unvollständig durch das Datenmodell repräsentiert wird. Soll z.B. ein Dozent, der noch keine Lehrverpflichtung hat, abgespeichert werden, so ist das in der bestehenden Relation nicht möglich. Der Grund liegt darin, daß der zusammengesetzte Primärschlüssel in jeder Zeile zumindest die Wertausprägungen der Attribute DOZENTEN# und HÖRER# erzwingt. Somit stellt sich die Frage, welche Konstellationen zu den Anomalien und Einschränkungen in der Abbildung der Miniwelt führen. Mit welcher Vorgehensweise lassen sich solche zweifelsohne unangenehmen Auswirkungen des Designprozesses vermeiden?

4.3 Funktionale Abhängigkeit (FA)

Der Begriff der „funktionalen Abhängigkeit" ist für die weitere Erklärung der Normalisierungslehre von fundamentaler Bedeutung.

Ein Attribut B ist von einem Attribut A dann funktional abhängig, wenn von jedem Attributwert A direkt auf den Attributwert B geschlossen werden kann.

Beispiel: Der Objekttyp DOZENT besitzt den (eindeutigen) Primärschlüssel DOZENTEN# und das beschreibende Attribut D-NAME. Von jedem Wert des Attributes DOZENTEN# kann dann unmittelbar auf den Namen eines Dozenten, also auf den Wert des Attributes D-NAME geschlossen werden. Das Attribute D-NAME ist daher funktional abhängig (fa) von DOZENTEN#.

Abb. 4.7. Beispiel einer funktionalen Abhängigkeit

Man kann das Beispiel aber auch so sehen, daß das Attribut DOZENTEN# die Werte des Attributes D-NAME festlegt bzw. determiniert. DOZENTEN# ist somit das determinierende Attribut (funktionale Determinante). Der Pfeil als Symbol der funktionalen Abhängigkeit zeigt immer vom determinierenden zum funktional abhängigen Attribut.

Die funktionale Abhängigkeit ist in aller Regel nicht umkehrbar. Auf das Beispiel bezogen ist es nicht zulässig, vom Namen eines Dozenten auf seinen Primärschlüssel zu schließen, da es durchaus mehrere Personen mit gleichem Namen geben kann. Der Begriff der funktionalen Abhängigkeit muß jedoch allgemeiner gefaßt und auf die Kombination von Attributen ausgedehnt werden. Eine Kombination K1 der Attribute B1, B2, ... BN kann von der Kombination K2 der Attribute A1, A2, ... AM funktional abhängig sein, wobei die Anzahl der Attribute in beiden Kombinationen unterschiedlich sein kann. Beispielsweise können die Attribute ORT und BUNDESLAND von dem Attribut POSTLEITZAHL funktional abhängig sein.

4.4 Zweite Normalform (2NF)

Durch Anwendung der zweiten Normalform können die im Kapitel 4.2 aufgezeigten Anomalien weiter reduziert werden:

Eine Relation ist dann in zweiter Normalform, wenn diese sich in 1NF befindet und jedes nicht dem Schlüssel angehörende Attribut vom Gesamtschlüssel, aber nicht von Teilschlüsseln funktional abhängig ist.

Bei Untersuchung der in 1NF befindlichen Beispielrelation aus Kapitel 4.2 stellt man fest, daß einige Attribute von den Teilschlüsseln DOZENTEN# und HÖRER# funktional abhängen.

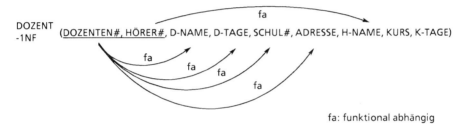

fa: funktional abhängig

Abb. 4.8. 2NF-verletzende Relation

Relationen, die sich nicht in 2NF befinden, werden im Rahmen des Normalisierungsprozesses aufgespalten. Dabei werden jene Attribute, die von Teilschlüsseln funktional abhängen, zusammen mit diesen Teilschlüsseln (determinierende Attribute) in getrennten Relationen zusammengefaßt. In diesen abgespaltenen Relationen werden die determinierenden Attribute der ursprünglichen Relation Primärschlüssel, und die funktional abhängigen Attribute werden in der neuen Relation ganz normale charakterisierende Attribute. Die determinierenden Attribute verbleiben jedoch in der ursprünglichen Relation als Verbindungsglieder zu den abgespaltenen neuen Relationen.

Bezogen auf unsere Beispielrelation DOZENT-1NF bedeutet Normalisieren, daß 2 neue Relationen mit den Primärschlüsseln DOZENTEN# und HÖRER# und den jeweils funktional abhängigen

Attributen aus der ursprünglichen Relation herausgelöst werden. Aus der einen Relation DOZENT-1NF entstehen somit 3 Relationen.

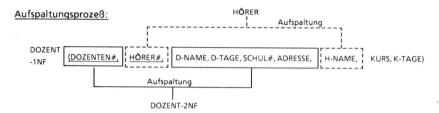

Ergebnisrelationen der Normalisierung:
HÖRER (HÖRER#, H-NAME)
HÖRER-DOZENT (DOZENTEN#, HÖRER#, KURS, K-TAGE)

    Ursprüngliche Relation DOZENT-1NF, die Relation wurde umbenannt. Die determinierenden Attribute DOZENTEN# und HÖRER# verbleiben in der Relation und bilden weiterhin den zusammengesetzten Primärschlüssel.

DOZENT-2NF (DOZENTEN#, D-NAME, D-TAGE, SCHUL#, ADRESSE)

Abb. 4.9. Anwendung der zweiten Normalform

Für die Darstellung von Strukturdiagrammen ist die Einführung des Begriffs „Fremdschlüssel" erforderlich.

Ein oder mehrere Attribute einer Relation, die in anderen Relationen Primärschlüssel sind, werden als Fremdschlüssel bezeichnet.

In der Relation HÖRER-DOZENT ist das Attribut DOZENTEN# Fremdschlüssel, da es in der Relation DOZENT-2NF Primärschlüssel ist. Es spielt dabei keinerlei Rolle, ob der Fremdschlüssel wie in diesem Beispiel gleichzeitig Teilschlüssel ist oder nicht. HÖRER# ist ebenfalls Fremdschlüssel, da dieses Attribut den Primärschlüssel der Relation HÖRER bildet. Eine Relation kann beliebig viele Fremdschlüssel besitzen.

Um die im Rahmen dieses Normalisierungsprozesses erreichten Verbesserungen zu realisieren, soll untersucht werden, welche Speicheranomalien das Datenmodell noch zuläßt.

1. Zu der bereits bestehenden Dozentennummer „5000" mit Namen „Adam" kann kein weiterer Name „Max" aufgenommen werden, da im Rahmen der Aufspaltung in die Relation DOZENT-2NF das Attribut DOZENTEN# Primärschlüssel und damit eindeutig wurde.

4.4 Zweite Normalform (2NF)

HÖRER

HÖRER#	H-NAME
8001	Huber
8432	Müller
...	...

HÖRER-DOZENT

DOZENTEN#	HÖRER#	KURS	K-TAGE
4711	8001	Cobol	10
4750	8001	APL	15
4750	8432	Basic	5
5000	8432	Cobol	10
...	...	...	...

DOZENT-2NF

DOZENTEN#	D-NAME	D-TAGE	SCHUL#	S-ADRESSE
4711	Meier	40	001	München
4750	Schmidt	61	003	Wien
5000	Adam	50	003	Wien
...	...	...	...	...

Abb. 4.10. Relationen in 2NF

2. Aus den gleichen Gründen von Punkt 1 ist es nicht möglich, zu einer bereits existierenden Dozentennummer ein Objekt mit differierenden Werten des Attributes D-TAGE einzuspeichern.
3. Es ist nach wie vor möglich, in der Relation DOZENT-2NF Objekte mit widersprüchlichen Werten der Attribute SCHUL# und S-ADRESSE einzufügen. Die Eindeutigkeit des Attributes SCHUL# wird durch den Wert „003" verletzt, da eine Schule mit dieser Nummer bereits in Wien existiert.
4. Zu der bereits bestehenden Hörernummer „8001" mit Namen „Huber" kann kein weiterer Name „Maier" gespeichert werden, da

4. Normalisieren von Relationen

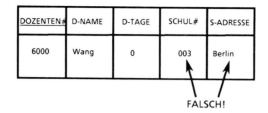

Abb. 4.11. Speicheranomalie einer 2NF-Relation

im Rahmen der Normalisierung in der Relation HÖRER das Attribut HÖRER# Primärschlüssel und damit eindeutig wurde.

5. Auch bei den Attributen KURS und K-TAGE können ähnlich wie im Punkt 3 Widersprüche in die Relation HÖRER-DOZENT eingebracht werden.

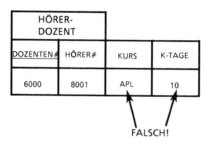

Abb. 4.12. Speicheranomalie einer 2NF-Relation

Durch Einspeichern des Objektes von Abb. 4.12 würde in der Relation HÖRER-DOZENT eine logische Inkonsistenz auftreten, da nicht klar ist, ob der APL-Kurs 10 oder 15 Tage dauert. Die im Rahmen des Normalisierungsprozesses erzeugten 3 Relationen zeigen hinsichtlich des möglichen Auftretens von Speicheranomalien eine wesentliche Verbesserung im Vergleich zur 1NF-Relation. Die Anzahl der Möglichkeiten, logische Inkonsistenzen in Relationen einzubringen, konnte durch den Zerlegungsprozeß auf 2 Fälle reduziert werden. Das zeigt allerdings, daß es noch immer Konstellationen gibt, die mögliche Widersprüche nicht ausschließen. Es ist daher zu untersuchen, ob die bestehenden Relationen in einem zusätzlichen Zerlegungsschritt noch weiter aufgespalten werden können. Dies geschieht im Rahmen der dritten Normalform (3NF).

Die bisherigen Schritte zeigen schon deutlich, daß man unter dem

4.4 Zweite Normalform (2NF)

Begriff „Normalisierung" nichts anderes als „Zerlegung von Relationen" verstehen kann.

Normalisieren = Zerlegen von Relationen

Die Zerlegung in die bestehenden 3 Relationen hat auch die Einschränkungen der Abbildungsmöglichkeiten der Miniwelt reduziert. In diesem Datenmodell lassen sich nun auch Dozenten ohne Lehrverpflichtung abspeichern, da die Relation DOZENT-2NF nur den Primärschlüssel DOZENTEN# besitzt. Im Rahmen des Normalisierungsprozesses wird somit die Möglichkeit geschaffen, mehr Informationen der abzubildenden Aufgabenstellung in das Datenmodell zu integrieren.

Normalisierung = Informationszuwachs des Datenmodells

Der Versuch, einen Kurs ohne eine einzige Buchung eines Hörers abzuspeichern, ist in diesem Datenmodell jedoch nicht möglich. Der zusammengesetzte Primärschlüssel der Relation HÖRER-DOZENT erzwingt, daß jede Zeile zumindest die Wertausprägungen der Attribute DOZENTEN# und HÖRER# besitzt.

Ein weiterer für die Normalisierungslehre wichtiger Begriff ist der des Schlüsselkandidaten:

Gewährleisten neben den Attributen des Primärschlüssels noch weitere Attribute die eindeutige Identifizierung jeder Zeile einer Relation, werden diese als Schlüsselkandidaten bezeichnet (siehe auch Kapitel 2.2.3).

Schlüsselkandidaten können sich aus mehreren Attributen zusammensetzen und sich auch in einem oder mehreren Attributen mit dem Primärschlüssel überlappen.
Beispiel: In der Relation DOZENT-1NF soll angenommen werden, daß jeder Name eines Dozenten nur einmal vorkommt, das Attribut D-NAME also eindeutig ist. Damit existieren 2 Schlüsselkandidaten:

- DOZENTEN#, HÖRER#
- D-NAME, HÖRER#

Wird die erste Attributkombination als Primärschlüssel gewählt, überlappt sich der Schlüsselkandidat im Attribut HÖRER# mit dem Primärschlüssel.

Im Hinblick auf die Definition der zweiten Normalform ist festzuhalten, daß jedes einem Schlüsselkandidaten angehörende Attribut so behandelt wird, als ob es dem Primärschlüssel angehören würde. Die Anwendung der 2NF ergibt in diesem Fall, daß das Attribut D-NAME in der Relation HÖRER-DOZENT-X verbleibt.

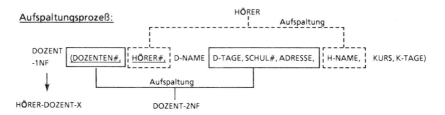

Ergebnisrelation der Normalisierung:
HÖRER (HÖRER#, H-NAME)
HÖRER-DOZENT-X (DOZENTEN#, HÖRER#, D-NAME, KURS, K-TAGE)
DOZENT-2NF (DOZENTEN#, D-TAGE, SCHUL#, ADRESSE)

Abb. 4.13. 2NF bei eindeutigem Attribut D-NAME

Die Boyce/Codd Normalform (siehe Kapitel 4.6) enthält Normalisierungskriterien für all jene Relationen, die Schlüsselkandidaten besitzen.

4.5 Dritte Normalform (3NF)

Eine Relation ist dann in dritter Normalform, wenn diese sich in 2NF befindet und nicht dem Schlüssel angehörige Attribute voneinander nicht funktional abhängig sind.

Bei Überprüfung der in 2NF befindlichen Relationen auf diese Bedingungen ergibt sich, daß die Attribute K-TAGE und S-ADRESSE der Relationen HÖRER-DOZENT und DOZENT-2NF diese Normalisierungskriterien verletzen.

4.5 Dritte Normalform (3NF)

Die Attribute K-TAGE bzw. S-ADRESSE sind jeweils von den Attributen KURS bzw. SCHUL# funktional abhängig. Anders formuliert, determiniert das Attribut SCHUL# das Attribut S-ADRESSE. Da das determinierende Attribut SCHUL# immer vom Primärschlüssel funktional abhängig sein muß, wird das Attribut S-ADRESSE auch als transitiv abhängig (vom Primärschlüssel) bezeichnet.

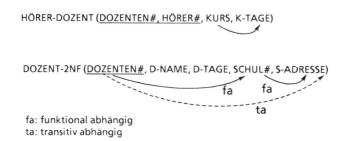

fa: funktional abhängig
ta: transitiv abhängig

Abb. 4.14. 3NF-verletzende Relationen

Eine andere in der Literatur zuweilen vorkommende Formulierung der dritten Normalform lautet, daß kein Attribut vom Primärschlüssel transitiv abhängig sein darf.

Nicht in 3NF befindliche Relationen werden im Rahmen des Normalisierungsprozesses derart aufgespalten, daß die funktional abhängigen zusammen mit den determinierenden Attributen in getrennten Relationen zusammengefaßt werden. In diesen abgespaltenen Relationen werden in analoger Weise zur 2NF die determinierenden Attribute der ursprünglichen Relation Primärschlüssel, die funktional abhängigen Attribute werden in der neuen Relation normale beschreibende Attribute. Die Verbindung der beiden Relationen wird über das in der ursprünglichen Relation verbleibende determinierende Attribut hergestellt.

Die Anwendung der 3NF auf die Relationen von Kapitel 4.4 bedeutet, daß die Relationen HÖRER-DOZENT und DOZENT-2NF in jeweils 2 Relationen zerlegt werden, wodurch eine weitere Reduzierung der Speicheranomalien erreicht wird (Abb. 4.15 und 4.16).

Folgende noch in der 2NF möglichen Anomalien wurden durch die Transformation in die dritte Normalform beseitigt:

- Zu der bereits bestehenden Schulnummer „003" kann keine weitere Schule „Berlin" mit gleicher Nummer abgespeichert werden
- Zu dem bereits existierenden Kurs „APL" kann kein weiterer Kurs „APL" mit 15 Kurstagen abgespeichert werden, da das Attribut KURS als Primärschlüssel eindeutig sein muß

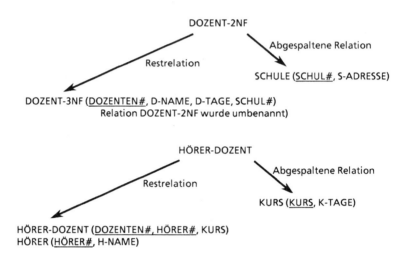

Abb. 4.15. Anwendung der dritten Normalform

Damit wurden sämtliche 5 in der 1NF möglichen Speicheranomalien auf null reduziert. Weiters hat der Zerlegungsprozeß dazu geführt, daß die Miniwelt ohne Einschränkungen abgebildet werden kann. Im Gegensatz zur 2NF ist es in dem der 3NF gehorchenden Datenmodell durchaus möglich, auch einen Kurs ohne eine einzige Buchung eines Hörers aufzunehmen. Auch diese Verbesserung ist eine Konsequenz des Zerlegungsvorganges. Attribute von Schlüsselkandidaten werden in dieser Normalform so behandelt, als ob sie dem Primärschlüssel angehören würden. Bei der Anwendung der 3NF sind daher diese Attribute von der Betrachtung auszuschließen.

Beispiel: Die Relation PERSONAL von Abb. 4.17 mit den eindeutigen Attributen PERS# (Personalnummer) und VERS# (Versicherungsnummer) und dem Attribut NAME soll diesen Sachverhalt veranschaulichen.

Zwischen Primärschlüssel und Schlüsselkandidat besteht eine wechselseitige funktionale Abhängigkeit (Symbol des Doppel-

4.5 Dritte Normalform (3NF)

HÖRER	
HÖRER#	H-NAME
8001	Huber
8432	Müller
...	...

SCHULE	
SCHUL#	S-ADRESSE
001	München
003	Wien
...	...

KURS	
KURS	K-TAGE
Cobol	10
APL	15
Basic	5
...	...

HÖRER-DOZENT		
DOZENTEN#	HÖRER#	KURS
4711	8001	Cobol
4750	8001	APL
4750	8432	Basic
5000	8432	Cobol
...	...	...

DOZENT-3NF			
DOZENTEN#	D-NAME	D-TAGE	SCHUL#
4711	Meier	40	001
4750	Schmidt	61	003
5000	Adam	50	003
...	...	...	...

Abb. 4.16. Relationen in 3NF

pfeils). Die funktionale Abhängigkeit des Attributes NAME von VERS# verletzt nicht die 3NF, da das determinierende Attribut VERS# Schlüsselkandidat ist.

Primärschlüssel: PERS#
Schlüsselkandidat: VERS#

fa: funktional abhängig
ta: transitiv abhängig

Abb. 4.17. Relation mit Schlüsselkandidaten

Bei Vorhandensein eines Schlüsselkandidaten tritt der Sonderfall ein, daß jedes charakterisierende Attribut nicht nur funktional, sondern zugleich auch transitiv abhängig vom Primärschlüssel ist.

Abschließend werden die wichtigsten Eigenschaften des Normalisierungsprozesses zusammenfassend dargestellt.

Normalisieren bedeutet:
- *Erkennen und Beseitigen von Redundanzen*
- *Zerlegen einer Relation in mehrere Relationen*
- *Minimieren von Speicher-, Lösch- und Änderungs-Anomalien*
- *Realitätsgetreue Abbildungsmöglichkeit der Miniwelt schaffen*
- *Erhöhen der Transparenz des Datenmodelles*

4.6 Spezielle Normalformen

In den meisten Fällen ist man in der Lage, auf Basis der 3 Normalformen ein redundanzfreies, konsistentes und realitätsgetreues Datenmodell zu erstellen. Unter den folgenden Voraussetzungen ist jedoch die 3NF nicht mehr anwendbar und durch eine strengere Definition, die sogenannte Boyce/Codd Normalform (abgekürzt BCNF) zu ersetzen:
- die Relation hat mehrere Schlüsselkandidaten
- die Schlüsselkandidaten sind zusammengesetzt, bestehen also jeweils aus mehr als einem Attribut
- die Schlüsselkandidaten überlappen sich mit dem Primärschlüssel, d.h. sie haben mindestens ein Attribut mit dem Primärschlüssel gemeinsam

4.6.1 Boyce/Codd Normalform (BCNF)

Nur dann, wenn Relationen mehrere zusammengesetzte und sich überlappende Schlüsselkandidaten aufweisen, kommt die BCNF zur Anwendung. Für die Definition der BCNF ist der Begriff des (funktional) determinierenden Attributes, wie er schon im Kapitel 4.3 vorgestellt wurde, Voraussetzung.

Ein (funktional) determinierendes Attribut A (auch als Determinante bezeichnet) liegt dann vor, wenn jeder Attributwert von A genau einen Attributwert von B festlegt. Der gleiche Sachverhalt

4.6 Spezielle Normalformen

wird auch durch die funktionale Abhängigkeit des Attributes B vom Attribut A ausgedrückt (Kapitel 4.3).

Der Begriff der Determinierung kann sich nicht nur auf ein einzelnes Attribut, sondern auf die Kombination beliebig vieler Attribute erstrecken. Die Werte einer bestimmten Attributkombination bestimmen in diesem Fall jeweils einen und nur einen bestimmten Wert einer anderen Attributkombination. Als Beispiel dafür kann die Beziehung zwischen einem zusammengesetzten Primärschlüssel und einem Schlüsselkandidaten angeführt werden.

Eine Relation ist dann in BCNF, wenn jede Determinante zugleich Schlüsselkandidat ist.

Diese Definition, obwohl einschränkender als die 3NF, macht keine Unterscheidung in erste, zweite und dritte Normalform, sondern umfaßt alle diese Normalisierungskriterien in einer einfachen Aussage.

Die Relation DOZENT-1NF des Kapitels 4.4 ist deshalb nicht in BCNF, da die Determinanten DOZENTEN# und HÖRER# wohl Teilschlüssel, aber nicht Schlüsselkandidaten sind. Die Relationen HÖRER-DOZENT und DOZENT-2NF aus Kapitel 4.5 sind ebenfalls nicht in BCNF, da die jeweiligen Determinanten KURS und SCHUL# keine Schlüsselkandidaten sind. Sämtliche Relationen der Abb. 4.16 befinden sich auch in BCNF, genauso wie die Relation PERSONAL mit der Determinante VERS#.

Im folgenden wird versucht, die BCNF anhand von Beispielen zu veranschaulichen, wobei die bereits geläufigen Relationen mit teilweise leichten Abänderungen herangezogen werden. Neben dem Attribut DOZENTEN# soll zusätzlich D-NAME in der Relation DOZENT-3NF als identifizierendes Attribut angenommen werden, sodaß sich eine Relation mit 2 einfachen, nicht überlappenden Schlüsselkandidaten ergibt. Die möglichen funktionalen Abhängigkeiten bzw. Determinanten sind in Abb. 4.18 dargestellt.

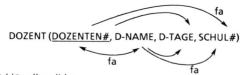

D-NAME = Schlüsselkandidat   fa: funktional abhängig

Abb. 4.18. Relation mit Schlüsselkandidaten

Trotz komplexer funktionaler Abhängigkeiten ist in der Relation DOZENT sichergestellt, daß die beiden Determinanten DOZENTEN# und D-NAME Schlüsselkandidaten sind und sich deshalb die Relation in BCNF befindet.

In einem weiteren Schritt wird in der Relation HÖRER-DOZENT das Attribut D-NAME hinzu genommen, wobei Eindeutigkeit der Werte, d.h. der Namen der Dozenten vorausgesetzt wird.

HÖRER-DOZENT (DOZENTEN#, D-NAME, HÖRER#, KURS)

Primärschlüssel: DOZENTEN#, HÖRER#
Schlüsselkandidat: D-NAME, HÖRER#

Abb. 4.19. Relation mit zusammengesetzten Schlüsselkandidaten

Die Relation HÖRER-DOZENT besitzt 2 zusammengesetzte Schlüsselkandidaten mit dem überlappenden Attribut HÖRER# und erfüllt somit alle für die Anwendung der BCNF erforderlichen Voraussetzungen. Damit stellt sich die Frage, ob diese Relation die BCNF verletzt.

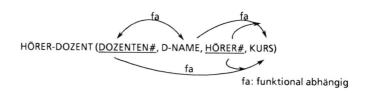

fa: funktional abhängig

Abb. 4.20. Relation verletzt BCNF

Diese Relation ist deshalb nicht in BCNF, da die beiden Determinanten DOZENTEN# und D-NAME nicht Schlüsselkandidaten, sondern nur Teilschlüssel sind. Da es nur ein nicht dem Schlüssel angehörendes Attribut gibt (KURS), kann die 3NF nicht verletzt werden.

4.6 Spezielle Normalformen

HÖRER-DOZENT			
DOZENTEN#	D-NAME	HÖRER#	KURS
4750	Schmidt	8001	APL
4750	Schmidt	8432	Basic
4750	Schmidt	8500	Basic
...	...	...	...

Abb. 4.21. Relation mit Redundanz

Der in jeder Kombination von DOZENT und HÖRER enthaltene Name des Dozenten ist redundant und damit Grundlage von möglichen Änderungs-Anomalien, da jede Änderung des Attributes D-NAME in allen davon betroffenen Zeilen durchgeführt werden muß. Auch in diesem Fall muß die Relation HÖRER-DOZENT in 2 Relationen aufgebrochen werden.

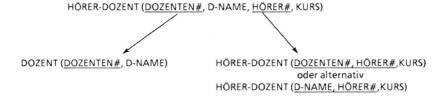

DOZENT (DOZENTEN#, D-NAME)   HÖRER-DOZENT (DOZENTEN#, HÖRER#, KURS)
                                            oder alternativ
                                HÖRER-DOZENT (D-NAME, HÖRER#, KURS)

Abb. 4.22. Zerlegen einer nicht in BCNF befindlichen Relation

Die beiden Alternativmöglichkeiten der Zerlegung ergeben sich aufgrund der wechselseitigen funktionalen Abhängigkeit der beiden Attribute DOZENTEN# und D-NAME. Das bedeutet, daß beide Attribute wegen ihrer Eindeutigkeit gleichrangig als Schlüsselteil verwendet werden können.

Als weiteres Beispiel soll die unveränderte Relation HÖRER-DOZENT von Abb. 4.16, allerdings mit folgenden Einschränkungen dienen:
- Ein Hörer besucht einen Kurs bei einem bestimmten Dozenten nur einmal
- Jeder Dozent hält Kurse immer nur zu einem Thema
- Ein Kursthema kann von mehreren Dozenten unterrichtet werden

Zur Veranschaulichung dieses Sachverhaltes sollen einige beispielhafte Ausprägungen dieser Relation entsprechend Abb. 4.23 dienen. Aus der ersten Einschränkung ergibt sich sowohl der erste Schlüsselkandidat mit den Attributen HÖRER# und KURS als auch die funktionale Abhängigkeit des Attributes DOZENTEN# von diesem Schlüssel. Die zweite Einschränkung legt den zweiten Schlüsselkandidaten HÖRER# und DOZENTEN# fest und bestimmt die funktionale Abhängigkeit des Attributes KURS von DOZENTEN#. Damit sind sämtliche Voraussetzungen für die Anwendung der BCNF erfüllt.

HÖRER-DOZENT		
DOZENTEN#	HÖRER#	KURS
4711	8001	Cobol
4750	8001	APL
4711	8432	Cobol
5000	8432	APL
...	...	...

Abb. 4.23. Ausprägungen der Relation HÖRER-DOZENT

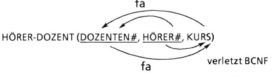

Abb. 4.24. Funktionale Abhängigkeit

Die Determinante DOZENTEN# verletzt die BCNF, da dieses Attribut nicht Schlüsselkandidat, sondern nur Teilschlüssel ist. Dieses Problem kann wieder nur durch Zerlegung der Relation in 2 Relationen gelöst werden.

Jene Attribute, die die BCNF verletzen, werden in eine getrennte Relation herausgezogen, in der die Determinante die Funktion des Primärschlüssels übernimmt.

Abb. 4.25. Zerlegen einer nicht in BCNF befindlichen Relation

4.6.2 Vierte Normalform (4NF)

KURS-DOZENT		
KURS	D-NAME	MERKMAL
Cobol	Max	Workshop
	Moritz	Praktikum
Basic	Max	Einführung
		Praktikum
...	...	...

Abb. 4.26. Unnormalisierte Relation

Als Beispiel für die Erklärung der 4NF soll die unnormalisierte Relation KURS-DOZENT dienen, wobei die Attribute D-NAME und MERKMAL mehrfache Wertausprägungen annehmen können. Diese Relation sagt aus, daß der in einer Tabellenzeile vermerkte Kurs von allen jenen Dozenten abgehalten werden kann, deren Namen den Inhalt des Attributes D-NAME bilden. Jeder von einem Dozenten durchgeführte Kurs weist die im Attribut MERKMAL vermerkten Charakteristika auf.

Ein bestimmter Kurs kann von beliebig vielen Dozenten abgehalten werden und kann beliebig viele Merkmale aufweisen. Zwischen Dozenten und Merkmalen eines Kurses bestehen keinerlei Abhängigkeiten. Dozenten oder Merkmale können mit jedem beliebigen Kurs in Verbindung stehen. Die folgende Abbildung beinhaltet die bereits normalisierte Relation.

Diese Relation besitzt keine funktionalen Abhängigkeiten und verletzt daher keine der bisher behandelten Normalisierungskriterien. Die Normalisierungsregeln geben uns keinen Formalismus für eine Zerlegung der Relation in die Hand. Aus dem Beispiel ist ersichtlich,

KURS-DOZENT		
KURS	D-NAME	MERKMAL
Cobol	Max	Workshop
Cobol	Max	Praktikum
Cobol	Moritz	Workshop
Cobol	Moritz	Praktikum
Basic	Max	Einführung
Basic	Max	Praktikum
...	...	...

Abb. 4.27. Normalisierte Relation

daß für einen bestimmten Kurs jede mögliche Kombination der Attributwerte von D-NAME und MERKMAL auftritt. Das bedeutet jedoch, daß die Relation KURS-DOZENT redundante Daten enthält, die ihrerseits wieder zu Anomalien führen. Will man z.B. festhalten, daß ein neuer Dozent den Kurs „Cobol" abhält, sind 2 Tabellenzeilen einzuspeichern. Dennoch ist KURS-DOZENT in BCNF, da alle Attribute dem Primärschlüssel angehören und es außer der Kombination der drei Attribute KURS, D-NAME und MERKMAL keine weitere funktionale Determinante gibt. Gefühlsmäßig wird man die Ursache der Schwierigkeiten auf die Unabhängigkeit der beiden Attribute D-NAME und MERKMAL zurückführen. Wenn man KURS-DOZENT gemäß der folgenden Abbildung in 2 Relationen zerlegt, ist unmittelbar zu erkennen, daß durch diese Maßnahme eine Verbesserung erreicht werden konnte.

Die beiden im Rahmen des Zerlegungsprozesses entstandenen Relationen, auch als Projektionen der ursprünglichen Relation KURS-DOZENT bezeichnet, enthalten nur Schlüsselattribute und befinden sich demnach in BCNF. Theoretische Untersuchungen zeigen, daß diese Zerlegung korrekt und im Hinblick auf die Vermeidung von Anomalien auch wünschenswert ist. Zur theoretischen Untermauerung dieser Vorgangsweise ist die Einführung des Begriffs der „mehrwertigen Abhängigkeit" (MWA) erforderlich. Dieser Begriff ist eine Verallgemeinerung der funktionalen Abhängigkeit in dem Sinne, daß jede FA auch eine MWA ist. Eine Umkehrung ist in aller Regel jedoch nicht zugelassen, d.h. es existieren mehrwertige

4.6 Spezielle Normalformen

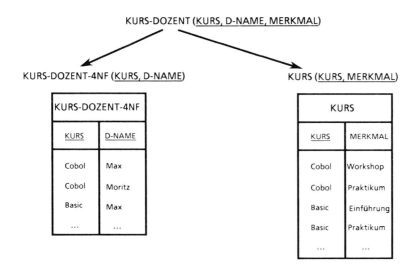

Abb. 4.28. Zerlegung der Relation KURS-DOZENT

Abhängigkeiten, die keine funktionalen Abhängigkeiten sind. Eine MWA soll symbolisch durch einen strichlierten Pfeil dargestellt werden. In der dem Beispiel zugrunde liegenden Relation KURS-DOZENT sind 2 mehrwertige Abhängigkeiten vorhanden.

KURS-DOZENT-4NF (KURS, D-NAME, MERKMAL)

MWA = mehrwertige Abhängigkeit

Abb. 4.29. Mehrwertige Abhängigkeit

Unter MWA des Attributes D-NAME von KURS ist zu verstehen, daß zu einem bestimmten Kurs eine wohldefinierte Menge korrespondierender Dozenten existiert. Wohldefiniert heißt, daß jene Menge von Dozenten, die eine bestimmte Kombination eines Kurses „k" und eines Merkmals „m" erfüllt, nur alleine von dem Wert „k" abhängt und völlig unabhängig von dem Wert „m" des Attributes MERKMAL ist. Die Kombination „Cobol, Praktikum" wird von den Dozenten „Max" und „Moritz" erfüllt, das gleiche Ergebnis ergibt sich aber auch für die Kombination „Cobol, Workshop". Das Attribut D-NAME ist allerdings nicht von KURS funktional abhängig, da ein Kurs nicht von einem bestimmten Dozenten gehalten wird, also nicht von einem

Kurs auf den unterrichtenden Dozenten geschlossen werden kann. Eine MWA ist, wie bereits erwähnt, zumeist keine FA. Gleichermaßen besteht ebenfalls eine MWA des Attributes MERKMAL von KURS.

Innerhalb einer Relation mit den Attributen A, B und C liegt dann eine mehrwertige Abhängigkeit vor, wenn die Attributwerte von B, die in einer bestimmten Wertekombination der Attribute A und C vorkommen, unabhängig vom jeweiligen Wert des Attributes C sind. Besteht zwischen A und B eine MWA bezüglich C, dann besteht auch immer eine MWA zwischen A und C bezüglich des Attributes B. Das bedeutet, daß die MWA immer paarweise auftritt. Da für eine MWA eine Relation mit mindestens 3 Attributen Voraussetzung ist, empfiehlt sich zur Darstellung folgende Notation:

$$A \dashrightarrow B/C \quad bzw. \quad A \dashrightarrow C/B$$

Die funktionale Abhängigkeit eines Attributes B von A ist deshalb zugleich eine, allerdings degenerierte MWA, da die Menge der Attributwerte von B, die zu einem gegebenen Attributwert von A existiert, auf einen einzigen Wert zusammenschrumpft.

Das Problem der Redundanz und der damit verbundenen Anomalien der Relation KURS-DOZENT ist darauf zurückzuführen, daß diese Relation mehrwertige Abhängigkeiten besitzt, die keine funktionalen Abhängigkeiten sind. Durch Zerlegung der Relation konnte die MWA und damit die Redundanz und die Möglichkeiten von Anomalien beseitigt werden.

Eine Relation R (A, B, C) mit der MWA von A zu B/C bzw. A zu C/B kann immer in die beiden Relationen R (A, B) und R (A, C) zerlegt werden, ohne daß ein Verlust an Information auftritt.

Eine Relation befindet sich dann in 4NF, wenn diese in BCNF ist und alle mehrwertigen Abhängigkeiten zugleich funktionale Abhängigkeiten sind.

Die Relation KURS-DOZENT war nicht in 4 NF, da mehrwertige Abhängigkeiten bestanden, die keine funktionalen Abhängigkeiten waren. Die 4NF stellt somit eine Verbesserung der BCNF dar.

4.7 Normalisieren als Teil des Entwurfsprozesses

Die beschriebenen Normalisierungsregeln sind Hilfsmittel für den Entwurf von Datenbanken. Jede Relation, die eines der Normalisierungskriterien nicht erfüllt, wird in genau definierter Weise in mehrere Relationen zerlegt. Normalisieren erfolgt schrittweise, sodaß die Ergebnisrelation eines Schrittes im darauffolgenden Schritt in mehrere Projektionen aufgespalten wird, ohne daß bei diesem Prozeß Information verlorengeht. Die Normalisierungsregeln sind nachfolgend nochmals kurz zusammengefaßt:
1. Kreuzungspunkte von Zeilen und Spalten einer Relation dürfen maximal nur einen Wert besitzen (1NF)
2. Jedes nicht dem Schlüssel angehörende Attribut muß funktional abhängig vom Gesamtschlüssel und nicht von Schlüsselteilen sein (2NF)
3. Nicht dem Schlüssel angehörende Attribute dürfen voneinander nicht funktional abhängig sein (3NF)
4. Jede Determinante muß auch Schlüsselkandidat sein (BCNF). Dieses Normalisierungskriterium beinhaltet auch die zweite und dritte Normalform
5. Alle mehrwertigen Abhängigkeiten müssen zugleich funktionale Abhängigkeiten sein (4NF).

Es gibt noch weitere Normalformen, die jedoch auf Spezialfälle zutreffen, und daher für die praktische Datenmodellierung keine Bedeutung haben. Deshalb wird im Rahmen dieses Buches darauf nicht weiter eingegangen; zur weiterführenden Information sei auf die entsprechende Literatur verwiesen [1].

Normalisierung als Zerlegungsprozeß von Relationen hat zum Ziel, Datenredundanzen zu erkennen und zu beseitigen. In einer Datenbank sind redundante Daten deshalb unerwünscht, weil einerseits unnötiger Speicherplatz verbraucht wird, und andererseits, was viel schwerwiegender ist, die unterschiedlichsten Anomalien auftreten können. Oberstes Gebot beim Design von Datenbanken muß immer sein, die Daten so zu strukturieren, daß Inkonsistenzen nicht auftreten bzw. weitgehend eingeschränkt werden können. In diesem Sinn ist die Anwendung der Normalisierungsregeln für den Entwurfsprozeß von Datenbanken von fundamentaler Bedeutung. Ein weiteres Ergebnis der Normalisierung ist in der verbesserten, realitätsgetreueren Abbildung der Prozesse und Abläufe der zu beschreibenden Miniwelt zu sehen. Die Möglichkeit der Speicherung von Dozenten, die zur Zeit noch keine Kurse übernommen haben, stellt ein Beispiel für diesen Sachverhalt dar.

In manchen Fällen kann es jedoch wünschenswert sein, eine Relation auf einer bestimmten Normalisierungsstufe zu belassen und die noch mögliche weitere Zerlegung nicht mehr durchzuführen. Als Beispiel dafür dient folgende Relation, wobei der NAME einer Person als identifizierendes Attribut angenommen wird:

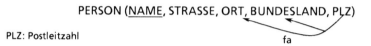

PLZ: Postleitzahl   fa

Die Relation befindet sich aufgrund der funktionalen Abhängigkeit der Attributkombination (ORT, BUNDESLAND) nicht in 3NF. Die Anwendung der entsprechenden Normalisierungsregel führt zu folgenden Projektionen:

PERSON-X (NAME, STRASSE, PLZ)
ADRESSE (PLZ, ORT, BUNDESLAND)

Da für die Anschrift einer Person immer die Attribute STRASSE, ORT und BUNDESLAND erforderlich sind, scheint es aus Gründen des Datenzugriffs sinnvoll, alle zusammengehörenden Attribute in einer Relation anzuordnen. Als Konsequenz dieser Verletzung eines Normalisierungskriteriums ergibt sich Datenredundanz der Attribute ORT und BUNDESLAND und als weitere Folge können Anomalien auftreten. Eine Änderung des Ortes muß z.B. in all jenen Tabellenzeilen, die den entsprechenden Attributwert beinhalten, vorgenommen werden, um die Konsistenz der Datenbank zu gewährleisten. Wenn in einer konkreten Anwendung Änderungen der Adreßattribute nur äußerst selten vorkommen und der durch Datenredundanz vermehrte Speicherbedarf keine Rolle spielt, kann durchaus der nicht vollständig normalisierten Relation der Vorzug gegeben werden. Neben den logischen, rein informationstechnischen Gesichtspunkten wurden in diesem Beispiel zusätzlich funktionale, ablauforientierte, physikalische und systemorientierte Kriterien (z.B. Datenzugriff) mitbetrachtet.

Wie schon einleitend erwähnt, wird aus Gründen des systema-

4.7 Normalisieren als Teil des Entwurfsprozesses

tischen Vorgehens ein schrittweiser Modellierungsprozeß vorgeschlagen:

1. - Top-down Vorgehen ausgehend von groben Objekttypen und Beziehungstypen
2. - Analyse der Funktionsabläufe im Hinblick auf Richtigkeit und Vollständigkeit des Datenmodells als Bottom-up-Vorgang
   - Ergänzen des Datenmodells
   - Abgleich des Datenmodells mit dem Ergebnis aus Punkt 1
   - Ergebnis dieser beiden Punkte ist das konzeptionelle Schema
3. - Ermitteln der wichtigen und häufigen Vorgänge und Funktionen mit dem Ziel, deren zeitlichen Ablauf zu optimieren bzw. Speicherbedarf zu minimieren.
   - Umsetzen des logischen, konzeptionellen Datenbankentwurfs auf eine optimale physische Speicherstruktur
   - Integration der Datenbank in die bestehende oder geplante DV-Landschaft:
     - Aufteilung des Datenbestandes auf eine oder mehrere Datenbanken
     - Verteilung der Datenbanken auf einen oder mehrere Rechner
     - Erarbeiten von Sicherungs- und Ausfallkonzepten
     - Einbindung der Datenbank in vorhandene oder geplante EDV-Verfahren

Auf dieser dritten, systemorientierten Ebene des Entwurfsprozesses spielen Aspekte der Sicherheit, der Kosten, des Zeitverhaltens, der Organisationsstruktur, der Hardware, der DB-Software etc. eine entscheidende Rolle. Es ist durchaus möglich und auch praxisgerecht, daß auf dieser Entwurfsebene das konzeptionelle Schema geändert und an die aus der jeweiligen Anwendung für wichtig erachteten Anforderungen angepaßt wird. Eine Zusammenfassung von Relationen und damit eine mögliche Verletzung von Normalisierungskriterien kann aus Optimierungsgründen sinnvoll sein. Ein Endbenutzer am Terminal wird mit akzeptablen Antwortzeiten sicherlich mehr zufrieden sein als mit einer voll normalisierten, redundanzfreien Datenstruktur. Auch die Verteilung der Datenbank innerhalb eines Rechners oder eines Rechnernetzes ist ein Problem, dem im Rahmen der Umsetzung des konzeptionellen Schemas auf ein systeminternes, physikalisches, auf der Geräteebene aufsetzendes Schema ganz besonderes Augenmerk geschenkt werden muß. Die weiteren Ausführungen dieses Buches konzentrieren sich jedoch schwerpunktmäßig auf jenen Teil des Entwurfsprozesses, der zu einem logischen, konzeptionellen Datenmodell führt.

5. Methoden der Datenbankmodellierung

Wie im Kapitel 4 gezeigt, werden die der abzubildenden Miniwelt entsprechenden Objekttypen im Rahmen der Normalisierung nach einem bestimmten Regelwerk in Teilrelationen zerlegt. Anhand eines Beispieles wurde im letzten Kapitel gezeigt, daß durch schrittweise Anwendung der Normalisierungsregeln eine Relation in fünf Relationen aufgespalten wurde. Ziel dieses Entwurfsschrittes ist es jedoch auch, das Endergebnis (siehe Abb. 4.16) grafisch in Form eines Strukturdiagramms darzustellen. Dieser Bauplan des Datenmodells zeigt in abstrahierter Form die auf die EDV-Ebene umgesetzte Miniwelt. Somit dient diese Darstellung jedem mit der Datenbank Konfrontierten, ob Programmierer oder Endbenutzer, als übersichtliche, allgemein verständliche und verbindliche Arbeitsgrundlage.

5.1 Erstellen des Strukturdiagramms

Ausgangspunkt für diesen Vorgang sind die Ergebnisrelationen der Normalisierungsschritte, wobei folgende Punkte zu beachten sind:
- Eine Relation wird als Rechteck mit dem Relationsnamen als Inhalt dargestellt
- Jene beiden Relationen, deren Primär- und Fremdschlüssel (Definition siehe Kapitel 4.4) übereinstimmen, werden miteinander durch einen Pfeil verbunden
- Der Pfeil, als Repräsentant eines Beziehungstyps vom Grade „1:N" zwischen 2 Objekttypen, ist immer von dem Objekttyp, der den Primärschlüssel enthält, zu dem Objekttyp, der den Fremdschlüssel enthält, gerichtet. Dieser Pfeil ist mit einem Namen zu versehen, der möglichst treffend den semantischen Inhalt des Beziehungstyps ausdrücken sollte.
- Objekttypen, von denen ein Pfeil ausgeht, sollten aus Gründen der Übersichtlichkeit im Strukturdiagramm immer über den Objekttypen mit landenden Pfeilen angeordnet werden. Dadurch treten die Hierarchiestufen des Datenmodells deutlicher hervor.

Die folgende Abbildung zeigt das Strukturdiagramm der Ergebnisrelationen von Abb. 4.16.

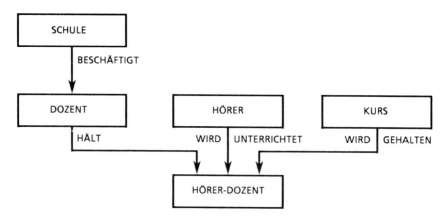

Abb. 5.1. Strukturdiagramm

5.2 Methodische Erfassung der Miniwelt

Eines der Hauptprobleme in der Datenverarbeitung ist die richtige und vollständige Erfassung und Beschreibung der Aufgabenstellung. Ergibt die Analyse der Miniwelt fehlerhafte oder lückenhafte Informationen, dann kann daraus nur ein nicht korrektes bzw. unvollständiges Datenmodell abgeleitet werden. Ein wesentlicher Gesichtspunkt dieses Abschnittes ist daher die Vorstellung eines Formalismus, der es erlaubt, die Beschreibung der Miniwelt oder eines bestimmten Realitätsausschnittes in ein festes Schema zu bringen. Durch diese Art Kochrezept sollte im Rahmen der Informationsstruktur-Analyse gewährleistet werden, daß die für die Datenmodellierung erforderlichen Grunddaten möglichst qualitativ hochwertig und quantitativ vollständig zur Verfügung stehen.

Jeder Realitätsausschnitt der Miniwelt läßt sich durch Zusammensetzen von Einzelaussagen hinreichend genau beschreiben.

Eine Einzel- oder Elementaraussage läßt sich durch eine grammatikalisch elementare Satzkonstruktion mit den Bestandteilen Subjekt, Prädikat und Objekt ausdrücken.

Dieser strenge Formalismus der Elementaraussagen erleichtert es dem Datenbank-Designer, in dem auf weitgehend intellektueller Basis ablaufenden Analyseprozeß zu einem möglichst vollständigen und widerspruchsfreien Abbild der mehr oder weniger komplexen Organisationsstruktur der Miniwelt zu kommen.

5.2 Methodische Erfassung der Miniwelt

NR	SUBJEKT MENGE	SUBJEKT	PRÄDIKAT	OBJEKT MENGE	OBJEKT
1	1	DOZENT	IST BESCHÄFTIGT	1	SCHULE
2	1	SCHULE	SIND BESCHÄFTIGT	N	DOZENTEN
3	1	KUNDE	BESTELLT	N	AUFTRÄGE
4	1	KUNDE	BESITZT	1	ADRESSE
5	1	DOZENT	HAT	1	NAMEN

Abb. 5.2. Beispiele für Elementaraussagen

Die Elementaraussagen von Abb. 5.2 verdeutlichen beispielhaft folgende *Transformationsregeln:*

1. Das Subjekt einer Elementaraussage wird im Datenbankmodell immer in einen Objekttyp übergeführt (DOZENT, SCHULE, KUNDE).
2. Das Prädikat einer Elementaraussage wird im Datenmodell entweder in
   - einen Beziehungstyp (Aussagen 1-3 von Abb. 5.2) oder in
   - eine Attributzuordnung (Aussagen 4 und 5 von Abb. 5.2)
   übergeführt.
3. Um den Grad eines Beziehungstyps bestimmen zu können, muß innerhalb der Elementaraussagen eine Mengenangabe zum Subjekt (Spalte „Subjekt Menge") und zum Objekt (Spalte „Objekt Menge") erfolgen. Im Fall einer Attributzuordnung sind beide Spalten mit dem Wert „1" zu besetzen.
4. Das Objekt einer Elementaraussage, als grammatikalischer Begriff nicht zu verwechseln mit der Objektdefinition im Rahmen der Informationsstruktur, wird im Datenmodell entweder in

- einen Objekttyp (SCHULE, DOZENTEN, AUFTRÄGE)
  oder in
- ein Attribut (ADRESSE, NAMEN)
  übergeführt.

Bei Beziehungstypen vom Grad „1:N" und „M:N" muß es 2 paarige Elementaraussagen geben. Paarig bedeutet, daß zwei Elementaraussagen mit paarweise vertauschten Inhalten der Spalten Subjekt und Objekt existieren. Dies trifft in Abb. 5.2 für die Aussagen 1 und 2 zu. Um die Paarigkeit von Elementaraussagen überprüfen zu können, wird empfohlen, in der Spalte Objekt auf den Plural zu verzichten. Als geringen Nachteil handelt man sich dadurch die vielleicht etwas schlechtere Lesbarkeit der Elementaraussagen ein. Im Falle der Beschreibung eines Beziehungstyps müssen die Spalten Subjekt und Objekt der Elementaraussagen entweder die Namen zweier unterschiedlicher Objekttypen, oder im Fall einer rekursiven Objektbeziehung zwei gleiche Namen eines Objekttyps enthalten. Auf den Begriff und die Bedeutung der rekursiven Objektbeziehung wird im nächsten Kapitel noch ausführlich eingegangen. Wird durch die Elementaraussagen eine Attributzuordnung formuliert, sind folgende Regeln zu beachten:

- die Spalte Subjekt-Menge enthält immer den Wert „1"
- die Spalte Subjekt enthält den Namen jenes Objekttyps, dem die Attribute zugeordnet werden
- der Inhalt der Spalte Prädikat ist nur zu Dokumentationszwecken auszufüllen, und hat Worte wie „besitzt", „enthält", „hat" etc. zum Inhalt
- die Spalte Objektmenge enthält bei einem beschreibenden Attribut keinen Eintrag, „PS" bei einem Primärschlüssel-Attribut und „TS" bei einem Teilschlüssel-Attribut
- die Spalte Objekt schließlich enthält den Namen des zuzuordnenden Attributs.

Die Elementaraussagen als Formalismus für die Beschreibung der Miniwelt sind Voraussetzung für die Erstellung eines Datenmodells. Im Rahmen des Datenbank-Entwurfsprozesses werden die einzelnen Teile der Elementaraussagen, wie in der folgenden Abbildung schematisch dargestellt, gemäß den 4 Regeln in die entsprechenden Bausteine des Datenbankmodells umgesetzt.

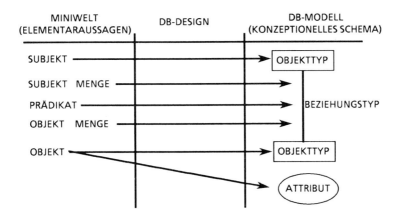

Abb. 5.3. DB-Design als Transformationsprozeß

5.3 Elementaraussagen für 1:N-Beziehungstypen

Durch detaillierte Mengenangaben in den Spalten „Subjekt Menge" und „Objekt Menge" der Elementaraussagen, können die entsprechenden Beziehungstyp-Varianten 9 bis 12 der Matrix von Abb. 3.25 abgeleitet werden.

NR	SUBJEKT MENGE	SUBJEKT	PRÄDIKAT	OBJEKT MENGE VON BIS	OBJEKT
1	1	KUNDE	ERHÄLT	0 N	LIEFERUNG
2	1	LIEFERUNG	ERGEHT AN	0 1	KUNDE

Abb. 5.4. Elementaraussage für BT-Variante 9

Die beiden Werte in der Spalte „Objekt Menge" sind als Von- und Bis-Angaben zu interpretieren. Diese Spalte der Elementaraussage besagt, daß ein Kunde minimal keine Lieferung (erste Angabe in Spalte Objekt Menge) und maximal N Lieferungen (zweite Angabe in Spalte Objekt Menge) erhalten kann. Die zweite Elementaraussage drückt aus, daß bei Selbstabholung die Lieferung an keinen Kunden erfolgt (erste Angabe der Spalte Objekt Menge enthält den Wert null), bzw. die Lieferung an maximal einen Kunden erfolgt (zweite Angabe der Spalte Objekt Menge enthält den Wert eins). Damit ist dieser Beziehungstyp vom Grad 1:N. Unter Verwendung der in Kapitel 2.5 festgelegten Symbole ergibt sich folgendes Strukturdiagramm.

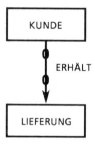

Abb. 5.5. Strukturdiagramm für BT-Variante 9

NR	SUBJEKT MENGE	SUBJEKT	PRÄDIKAT	OBJEKT MENGE VON BIS		OBJEKT	VERBUND
1	1	OBJEKTTYP	BESITZT	1	N	ATTRIBUTE	
2	1	ATTRIBUT	IST ZUGEORDNET	0	1	OBJEKTTYP	

Abb. 5.6. Elementaraussage für BT-Variante 10

Ein Objekttyp muß zumindest den Primärschlüssel als einziges Attribut besitzen (erste Elementaraussage), wobei es durchaus Attribute geben kann, die noch keinem Objekttyp zugeordnet sind.

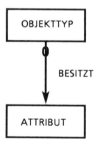

Abb. 5.7. Strukturdiagramm für BT-Variante 10

5.3 Elementaraussagen für 1:N-Beziehungstypen

NR	SUBJEKT MENGE	SUBJEKT	PRÄDIKAT	OBJEKT MENGE VON BIS		OBJEKT
1	1	KUNDE	BESTELLT	0	N	AUFTRAG
2	1	AUFTRAG	WIRD BESTELLT	1	1	KUNDE

Abb. 5.8. Elementaraussage für BT-Variante 11

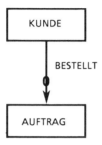

Abb. 5.9. Strukturdiagramm für BT-Variante 11

NR	SUBJEKT MENGE	SUBJEKT	PRÄDIKAT	OBJEKT MENGE VON BIS		OBJEKT
1	1	DOZENT	UNTERRICHTET	1	N	HÖRER
2	1	HÖRER	WIRD UNTERRICHTET VON	1	1	DOZENT

Abb. 5.10. Elementaraussage für BT-Variante 12

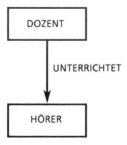

Abb. 5.11. Strukturdiagramm für BT-Variante 12

5.4 Elementaraussagen für M:N-Beziehungstypen

Ein Beziehungstyp vom Grad M:N wird ebenfalls durch 2 paarige Elementaraussagen beschrieben. Die erste Elementaraussage drückt aus, daß ein Dozent einen bis maximal N Hörer unterrichtet. In der zweiten Elementaraussage wird festgehalten, daß ein Hörer von einem oder mehreren Dozenten unterrichtet werden kann.

NR	SUBJEKT MENGE	SUBJEKT	PRÄDIKAT	OBJEKT MENGE VON BIS		OBJEKT	VERBUND
1	1	DOZENT	UNTERRICHTET	1	N	HÖRER	KURS
2	1	HÖRER	WIRD UNTERRICHTET VON	1	M	DOZENT	KURS

Abb. 5.12. Elementaraussage für BT-Variante 16

Die folgende Abbildung enthält das Strukturdiagramm mit der entsprechenden Auflösung in zwei 1:N-Beziehungstypen.

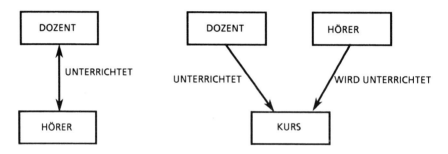

Abb. 5.13. Strukturdiagramm für BT-Variante 16

Der im Rahmen der Zerlegung des M:N-Beziehungstyps entstehende Beziehungs-Objekttyp KURS sollte, wenn möglich, in den Elementaraussagen festgehalten werden. Dafür ist in dem Formular von Abb. 5.12 die Spalte Verbund vorgesehen. Die jeweils ersten Wertangaben „Objekt Menge" der beiden paarigen Elementaraussagen legen die entsprechende Beziehungstyp-Variante fest.

OBJEKTMENGE VON-ANGABE		BEZIEHUNGSTYP-VARIANTE (ABB. 2.25)	BEZIEHUNGSTYP-SYMBOL
1. ELEMENTAR-AUSSAGE	2. ELEMENTAR-AUSSAGE		
0	0	13	◄―0――0―►
1	0	14	◄―0――►
0	1	15	◄―――0―►
1	1	16	◄――――►

Abb. 5.14. Kombinationsmöglichkeiten zweier Elementaraussagen

5.5 Von der Problemformulierung zum Datenbankmodell

Basierend auf den bisher vorgestellten theoretischen Grundlagen soll anhand eines Beispieles aus dem Ausbildungsbereich das methodische Vorgehen bei der Erstellung eines Datenbankmodells verdeutlicht werden. Ausgehend von den Elementaraussagen werden die relevanten Objekttypen und deren Attribute sowie die Beziehungstypen ermittelt und in Form von Tabellen dokumentiert. Anschließend werden die Relationen aufgestellt und auf Erfüllung der Normalisierungskriterien überprüft. Zerlegen und Aggregieren von Relationen sind iterativ durchzuführende Schritte des Entwurfsprozesses, die als Ergebnis schließlich zu einem konzeptionellen Datenbankschema führen.

Aus den Eintragungen der Spalte Subjekt von Abb. 5.15 ergeben sich folgende 3 Objekttypen:
- DOZENT
- SCHULE
- HÖRER

Die paarigen Elementaraussagen 3 und 4 legen einen Beziehungstyp vom Grad 1:N zwischen den Objekttypen DOZENT und SCHULE fest, die Aussagen 5 und 6 beschreiben einen M:N-Beziehungstyp zwischen den Objekttypen DOZENT und HÖRER. Diese Beziehungstypen werden in dem Formular von Abb. 5.16 festgehalten und mit einem Namen versehen.

ELEMENTARAUSSAGEN							
NR	SUBJEKT MENGE	SUBJEKT	PRÄDIKAT	OBJEKT MENGE VON	OBJEKT MENGE BIS	OBJEKT	VERBUND
1	1	DOZENT	HAT			NAMEN	
					PS	NUMMER	
2	1	DOZENT	LEISTET (PRO JAHR)			DOZENTEN-TAGE	
3	1	DOZENT	IST BESCHÄFTIGT AN	1	1	SCHULE	
4	1	SCHULE	SIND BESCHÄFTIGT	1	N	DOZENT	
5	1	DOZENT	UNTERRICHTET	1	N	HÖRER	KURS TAGE
6	1	HÖRER	WIRD UNTERRICHTET VON	1	M	DOZENT	
7	1	SCHULE	HAT			ADRESSE	
					PS	NUMMER	
8	1	HÖRER	HAT			NAMEN	
					PS	NUMMER	

Abb. 5.15. Elementaraussagen

BEZIEHUNGSTYPEN					
NR. E-Aus-sage	OBJEKT-TYP A	OBJEKT-TYP B	ZU-ORD-NUNG	BEZIEHUNGSTYP- NAMEN	GRAD
3	DOZENT	SCHULE	1:1		
4	SCHULE	DOZENT	1:N	IST BESCHÄFTIGT	1:N
5	DOZENT	HÖRER	1:N		
6	HÖRER	DOZENT	1:M	UNTERRICHTET	M:N

Abb. 5.16. Beziehungstypen

Die Elementaraussagen 1, 2, 7 und 8 von Abb. 5.15 beschreiben die Attribute der 3 Objekttypen. In dem Formular von Abb. 5.17 wird je Attribut neben dem Namen festgehalten, ob das Attribut dem Primärschlüssel angehört (Spalte Primärschlüssel) oder ein Beziehungsattribut (Spalte Beziehungsattribut) ist.

5.5 Von der Problemformulierung zum Datenbankmodell

NR. E-Aus-sage	OBJEKTTYP	ATTRIBUT-NAMEN	PRIMÄR-SCHLÜSSEL	BEZIEHUNGS-ATTRIBUT	BEDEUTUNG
1	DOZENT	D-NAME DOZENTEN#	x		
2		D-TAGE			Dozenten-tage pro Jahr
5	DOZENT-HÖRER	DOZENTEN# HÖRER# KURS K-TAGE	x x	x x	
7	SCHULE	S-ADRESSE SCHUL#	x		
8	HÖRER	H-NAME HÖRER#	x		

Abb. 5.17. Attribute des Anwendungsbeispiels

Beziehungsattribute wie KURS und K-TAGE werden einerseits in der Spalte Beziehungsattribut gekennzeichnet, und enthalten andererseits in der Spalte Objekttyp gegenüber den normalen Attributen die Namen der beiden in Beziehung stehenden Objekttypen (z.B. DOZENT-HÖRER). Die Wahl des Primärschlüssels des Beziehungs-Objekttyps ist so vorzunehmen, daß die Anforderungen der abzubildenden Miniwelt vom Datenmodell voll erfüllt werden. In diesem Beispiel werden die beiden Primärschlüssel (DOZENTEN# und HÖRER#) als zusammengesetzter Schlüssel übernommen. Die Eindeutigkeit des Primärschlüssels bedingt, daß ein Hörer nur einmal von demselben Dozenten unterrichtet werden kann. Ist diese Einschränkung nicht zulässig, muß das Attribut KURS als weiterer Teilschlüssel herangezogen werden.

Die abzubildende Miniwelt bestimmt die Wahl des Primärschlüssels.

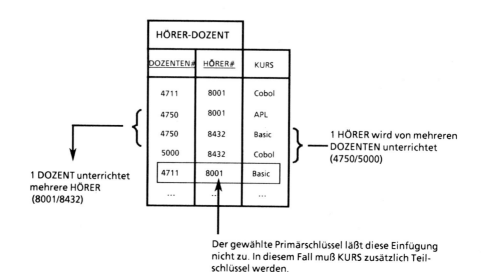

Abb. 5.18. Einschränkungen durch Wahl des Primärschlüssels

Wird in der Relation von Abb. 5.18 nur das Attribut HÖRER# als Primärschlüssel festgelegt, besteht die noch stärkere Einschränkung, daß ein Hörer nur von einem einzigen Dozenten unterrichtet werden kann. Wird umgekehrt das Attribut DOZENTEN# als Primärschlüssel gewählt, kann wohl ein Hörer von mehreren Dozenten unterrichtet werden, es darf aber in dieser Variante ein Dozent nur einen einzigen Hörer unterrichten, was wohl realitätsfremd sein dürfte.

Aus der Tabelle von Abb. 5.16 ergeben sich folgende Relationen, wobei die bereits vorgestellte abgekürzte Schreibweise Verwendung findet:

A DOZENT-SCHULE (<u>DOZENTEN#</u>, SCHUL#)

DOZENTEN# ist deshalb Primärschlüssel, weil es sich um einen 1:N-Beziehungstyp handelt, und laut Elementaraussage 3 ein bestimmter Dozent in dieser Relation nur ein einziges Mal vorkommen darf (er ist beschäftigt an einer Schule).

B HÖRER-DOZENT (<u>HÖRER#</u>, <u>DOZENTEN#</u>)

Der Primärschlüssel ergibt sich aufgrund des M:N-Beziehungstyps, wobei es wegen Verletzung der Eindeutigkeit des Schlüssels nicht möglich ist, daß ein Hörer mehrmals von demselben Dozenten unterrichtet wird.

5.5 Von der Problemformulierung zum Datenbankmodell

Aus der Tabelle von Abb. 5.17 werden folgende Relationen ermittelt:

C DOZENT (<u>DOZENTEN#</u>, D-NAME, D-TAGE)
   (Elementaraussagen 1 und 2)
D HÖRER-DOZENT-KURS (<u>HÖRER#, DOZENTEN#</u>, KURS, K-TAGE)
   (Elementaraussage 5)
E SCHULE (<u>SCHUL#</u>, ADRESSE)
   (Elementaraussage 7)
F HÖRER (<u>HÖRER#</u>, H-NAME)
   (Elementaraussage 8)

Die Relation D befindet sich nicht in 3 NF, da jeder Kurs eine bestimmte Anzahl von Tagen dauert. Das Attribut KURS als determinierendes Attribut legt somit die Werte des funktional abhängigen Attributs K-TAGE fest. Entsprechend den Normalisierungsregeln ist die Relation D in die beiden Relationen D1 und D2 aufzuspalten:

D ⟨ D1   HÖRER-DOZENT-KURS (<u>HÖRER#, DOZENTEN#</u>, KURS)
   D2   KURS (<u>KURS</u>, K-TAGE)

D2 ist die von D abgespaltene Relation; KURS als determinierendes Attribut wird Primärschlüssel. D1 ist der Rest der ursprünglichen Relation D ohne das funktional abhängige Attribut K-TAGE.

In einem weiteren Schritt ist folgende Regel anzuwenden:

Alle Relationen mit demselben Primärschlüssel werden zu einer Relation zusammengefaßt (aggregiert).

Das in der folgenden Darstellung verwendete Zeichen „+" ist nicht als arithmetische Operation aufzufassen, sondern symbolisiert die Zusammenfassung der entsprechenden Relationen.

A + C   =   DOZENT (DOZENTEN#, D-NAME, D-TAGE, SCHUL#)
E   =   SCHULE (SCHUL#, ADRESSE)
F   =   HÖRER (HÖRER#, H-NAME)
B + D1 =   HÖRER-DOZENT (HÖRER#, DOZENTEN#, KURS)
D2   =   KURS (KURS, K-TAGE)

Diese 5 Ergebnisrelationen stimmen mit dem Resultat des Zerlegungsprozesses von Kapitel 4.5 überein. Im Kapitel 4 wurde von einer umfassenden, die Miniwelt beschreibenden Relation ausgegangen, die schrittweise durch Anwendung der verschiedenen Normalisierungsregeln in Teilrelationen zerlegt wurde. Das Ergebnis dieses Zerlegungsprozesses (Abb. 4.16) ist gemäß den Regeln von Kapitel 5.1 in ein Strukturdiagramm (Abb. 5.1) umzusetzen.

Genau der umgekehrte Weg wurde in diesem Abschnitt beschritten. Entsprechend den Elementaraussagen, die Details der Miniwelt beschreiben, wird von kleinen Relationen (Elementarrelationen) ausgegangen, die nach den Regeln der Normalisierung und Aggregierung zu umfassenden Relationen zusammengesetzt werden. Dieser Vorgang läuft, wie in einem späteren Beispiel noch deutlich gezeigt wird, in aufeinander folgenden iterativen Schritten so lange ab, bis alle Relationen den Normalisierungskriterien entsprechen.

Da sich ein Realitätsausschnitt in der Regel problemlos in Form von Elementarrelationen beschreiben läßt, ist die hier vorgestellte Vorgehensweise beim Design einer Datenbank dem Zerlegungsprozeß überlegen. Das schrittweise Zusammenfügen von Teilrelationen zu umfassenden Relationen, vergleichbar dem Zusammenfügen eines Puzzles, ist der in der Praxis verwendete, zielführende Weg zur Erstellung eines konzeptionellen Schemas.

Folgende Schritte sind zum Design einer Datenbank notwendig:
1. Die Miniwelt ist in Form von Elementaraussagen in Tabellenform detailliert zu beschreiben (Problemanalyse).
2. Aus den Elementaraussagen sind die Strukturbestandteile der zu modellierenden Datenbank herauszufiltern (Objekttypen, Attribute und Beziehungstypen) und in die Tabellen Beziehungen und Attribute einzutragen.
3. Aus diesen beiden Tabellen werden die Elementarrelationen definiert.
4. Diese Relationen sind auf Erfüllung der Normalisierungskriterien zu überprüfen und gegebenenfalls in mehrere Relationen aufzuspalten.
5. Relationen mit gleichem Primärschlüssel werden zu einer Relation aggregiert.

Die Schritte 4 und 5 sind gegebenenfalls iterativ durchzuführen, also so lange zu wiederholen, bis alle Relationen normalisiert sind und unterschiedliche Primärschlüssel aufweisen.

5.5 Von der Problemformulierung zum Datenbankmodell

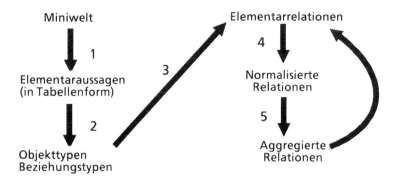

Abb. 5.19. Schritte des Datenbankentwurfs

Die Frage, wann eine Objekteigenschaft als Attribut oder als eigener Objekttyp zu definieren ist, läßt sich nicht eindeutig beantworten. Für diese Entscheidung ist die genaue Kenntnis der Miniwelt mit ihren Funktionsabläufen und den in Zukunft zu erwartenden Entwicklungen bzw. Erweiterungen erforderlich. Generell kann zu diesem Problemkreis jedoch folgende Empfehlung abgegeben werden:

Sollen Eigenschaften von Objekttypen als eigenständige Größe behandelt werden, sind diese als eigene Objekttypen in das Datenmodell aufzunehmen.

Dieser Hinweis wird anhand des folgenden Beispiels illustriert. In einer Personaldatenbank sollen die Programmierkenntnisse aller Mitarbeiter der DV-Abteilung differenziert nach den unterschiedlichen Programmiersprachen in der Relation MITARBEITER festgehalten werden. Der zusammengesetzte Primärschlüssel besteht aus den Attributen PROGRAMMIERSPRACHE und PERSONAL# , da ein Mitarbeiter durchaus mehrere Sprachen beherrschen kann.

Wird die Sprache als Attribut des Objekttyps MITARBEITER definiert, so kann eine bestimmte Programmiersprache immer nur im Zusammenhang mit einer Person, die Kenntnisse dieser Sprache besitzt, in der Datenbank festgehalten werden. Tritt z.B. der Mitarbeiter mit der Nummer 8001 aus, so geht damit auch die Information darüber verloren, daß jemals in der Firma Kenntnisse über APL bestanden haben. Das Attribut Sprache kann in diesem Modell nicht eigenständig behandelt werden, sondern ist immer an eine Person gebunden.

94   5. Methoden der Datenbankmodellierung

MITARBEITER		
PERSONAL#	PROGRAMMIER-SPRACHE	KENNTNIS
8001	Cobol	gut
8001	APL	schlecht
8432	Basic	gut
8432	Cobol	schlecht
...	...	...

Abb. 5.20. Relation Mitarbeiter

Besteht der Wunsch, die Information über Programmiersprachen als eigenständige, nicht an einen Objekttyp gebundene Größe im Datenbankmodell zu behandeln, muß dieses Attribut entsprechend der folgenden Abbildung in eine eigene Relation herausgezogen werden.

MITARBEITER		
PERSONAL#	PROGRAMMIER-SPRACHE	KENNTNIS
8001	Cobol	gut
8001	APL	schlecht
8432	Basic	gut
8432	Cobol	schlecht
...	...	...

SPRACHE
P-SPRACHE
Cobol
APL
Basic
...

Abb. 5.21. Eigenständigkeit einer Eigenschaft

Ist unklar, ob in der Miniwelt Anforderungen nach Eigenständigkeit von Objekteigenschaften bestehen, sollte immer von dem Maximalkonzept der Definition einer eigenen Relation ausgegangen werden. Stellt sich im Rahmen eines späteren Redesigns des Datenbankmodells heraus, daß die eigenständige Behandlung eines Attributes nicht erforderlich ist, so bedarf es in diesem Fall nur der Löschung einer Relation.

5.6 Überbestimmte Datenstruktur

Anhand von Beispielen wird in diesem Abschnitt auf die sich aus dem Designprozeß ergebenden Datenstrukturen näher eingegangen. Die folgende Tabelle enthält die Elementaraussagen des zugrunde gelegten Realitätsausschnittes aus dem Bereich des Ausbildungswesens, wobei der Übersichtlichkeit halber nur die Primärschlüssel in Betracht gezogen werden.

ELEMENTAR-AUSSAGEN							
NR	SUBJEKT MENGE	SUBJEKT	PRÄDIKAT	OBJEKT MENGE VON	BIS	OBJEKT	VERBUND
1	1	DOZENT	IST BESCHÄFTIGT AN	1	1	SCHULE	
2	1	SCHULE	SIND BESCHÄFTIGT	1	N	DOZENT	
3	1	KURS	FINDET STATT	1	1	SCHULE	
4	1	SCHULE	FINDET STATT	1	N	KURS	
5	1	DOZENT	HÄLT	1	N	KURS	
6	1	KURS	WIRD GEHALTEN VON	1	1	DOZENT	

Abb. 5.22. Elementaraussagen

Aus der Spalte Subjekt geht hervor, daß im Datenbankmodell die 3 Objekttypen DOZENT, SCHULE und KURS zu definieren sind. Folgende Primärschlüssel werden angenommen:

    SCHUL#   für Objekttyp SCHULE
    DOZENTEN# für Objekttyp DOZENT
    KURS#   für Objekttyp KURS

Damit ergeben sich folgende Relationen:
- A SCHULE (SCHUL#, ...)
- B DOZENT (DOZENTEN#, ...)
- C KURS (KURS#, ...)
- D DOZENT-BESCHÄFTIGT (DOZENTEN#, SCHUL#, ...)
  (Elementaraussagen 1 und 2)
- E KURS-FINDET-STATT (KURS#, SCHUL#, ...)
  (Elementaraussagen 3 und 4)
- F KURS-HÄLT (KURS#, DOZENTEN#, ...)
  (Elementaraussagen 5 und 6)

BEZIEHUNGSTYPEN					
NR. E-Aussage	OBJEKT-TYP A	OBJEKT-TYP B	ZU-ORD-NUNG	BEZIEHUNGSTYP-	
				NAMEN	GRAD
2	SCHULE	DOZENT	1:N	BESCHÄFTIGT	1:N
1	DOZENT	SCHULE	1:1		
4	SCHULE	KURS	1:N	FINDET STATT	1:N
3	KURS	SCHULE	1:1		
5	DOZENT	KURS	1:N	HÄLT	1:N
6	KURS	DOZENT	1:1		

Abb. 5.23. Beziehungstypen

Die Relationen A, B und C beschreiben die 3 Objekttypen. Die Relationen D, E und F resultieren aus den drei 1:N-Beziehungstypen. Aggregieren jener Relationen mit gleichem Primärschlüssel führt zu folgendem Ergebnis:

```
                         ⌒fa
C + E + F  =  KURS (KURS#, SCHUL#, DOZENTEN#, ...)
B + D      =  DOZENT (DOZENTEN#, SCHUL#, ...)
A          =  SCHULE (SCHUL#, ...)
```

Die erste Elementaraussage besagt, daß ein Dozent immer nur an einer Schule beschäftigt ist. Unter der Voraussetzung, daß ein Dozent immer nur Kurse an jener Schule hält, an der er beschäftigt ist, befindet sich die Relation KURS nicht in 3NF. Über diese zusätzliche Bedingung, die wir für das weitere Beispiel als gegeben annehmen, ist in den Elementaraussagen jedoch nichts ausgesagt. Eine der wesentlichen Aufgaben beim Design von Datenbanken ist daher auch, unvollständige Aussagen über die zu transformierende Miniwelt zu erkennen und in Zusammenarbeit mit der Fachabteilung, dem Endbenutzer, oder dem Auftraggeber zu vervollständigen. Das Attribut DOZENTEN# als determinierendes Attribut bestimmt somit eindeutig den Kursort (SCHUL#) in der Relation KURS, das Attribut SCHUL# ist funktional abhängig von DOZENTEN#. Die Relation KURS ist entsprechend den Normalisierungsregeln in die beiden Relationen DOZENT-SCHULE und KURS zu zerlegen.

5.6 Überbestimmte Datenstruktur

KURS ⇒ DOZENT-SCHULE (DOZENTEN#, SCHUL#)
KURS (KURS#, DOZENTEN#, ...)

DOZENT (DOZENTEN#, SCHUL#, ...)
SCHULE (SCHUL#, ...)

In einem weiteren iterativen Schritt sind Relationen mit gleichem Primärschlüssel zusammenzufassen.

SCHULE (SCHUL#, ...)
DOZENT-SCHULE + DOZENT = DOZENT (DOZENTEN#, SCHUL#, ...)
KURS (KURS#, DOZENTEN#, ...)

Das Attribut SCHUL# ist in der Relation DOZENT Fremdschlüssel, da dieses in der Relation SCHULE Primärschlüssel ist. Gemäß der Regel, Objekttypen mit entsprechenden Primär- und Fremdschlüsseln im Strukturdiagramm zu verbinden, wird der Pfeil von SCHULE ausgehend in Richtung DOZENT gezeichnet. Bezogen auf das Attribut DOZENTEN# trifft zwischen den Objekttypen DOZENT und KURS der gleiche Sachverhalt zu. Als Endergebnis erhält man eine einfache, lineare Datenstruktur.

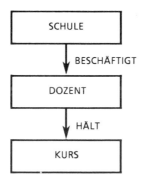

Abb. 5.24. Lineare Datenstruktur

Im folgenden wird von der durchaus realistischen Annahme ausgegangen, daß im Rahmen des Designprozesses die funktionale Abhängigkeit des Attributes SCHUL# in der Relation KURS übersehen wurde. Bei der Erstellung des Strukturdiagramms werden folgende Relationen zugrunde gelegt:

```
                                          fa
                                       ⌒
C + E + F  =  KURS (KURS#, SCHUL#, DOZENTEN#, ...)
B + D      =  DOZENT (DOZENTEN#, SCHUL#, ...)
A          =  SCHULE (SCHUL#, ...)
```

Die Relation KURS besitzt 2 Fremdschlüssel, die Attribute SCHUL# (Primärschlüssel in SCHULE) und DOZENTEN# (Primärschlüssel in DOZENT). Dies ist der Grund dafür, daß im Strukturdiagramm 2 Pfeile auf dem Objekttyp KURS landen, ausgehend von den beiden Objekttypen SCHULE und DOZENT mit den entsprechenden Primärschlüsseln.

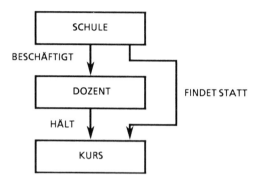

Abb. 5.25. Struktur nicht normalisierter Relation

Eine Datenstruktur wird dann als überbestimmt bezeichnet, wenn folgende Voraussetzungen erfüllt sind:
  - *Von einem Objekttyp ausgehend kann ein anderer Objekttyp auf mehr als einem Beziehungstyp-Pfad (Strukturpfad) erreicht werden.*
  - *Die durch die Beziehungstypen gebildeten mehrfachen parallelen Strukturpfade müssen alle in die gleiche Richtung weisen. Die Pfeilspitzen aller entlang der Pfade bestehenden Beziehungstyp-Symbole müssen gleich gerichtet sein. Doppelpfeile sind nicht zugelassen, d.h. M:N-Beziehungstypen sind aufzulösen.*

Eine überbestimmte Datenstruktur kann entweder aufgrund einer Redundanz entstehen, oder, wie nachfolgend noch gezeigt wird, ein durchaus korrektes Abbild des entsprechenden Realitätsausschnittes darstellen. Im vorliegenden Fall liegt die Ursache der überbestimmten Struktur darin, daß eine funktionale Abhängigkeit eines Attributes übersehen wurde, also ein Normalisierungskriterium verletzt wurde.

Wie im Kapitel 4 bereits festgestellt, enthalten Relationen, die die Normalisierungskriterien verletzen, redundante Informationen. Diese Redundanz zeigt das Strukturdiagramm von Abb. 5.25 sehr deutlich, da durch den Beziehungstyp FINDET STATT keine neuen Informationen in das Datenmodell eingebracht werden. An welcher Schule ein bestimmter Kurs gehalten wird, ist bereits durch die beiden Beziehungstypen BESCHÄFTIGT und HÄLT festgelegt. Der Beziehungstyp FINDET STATT stellt in diesem konkreten Beispiel eine überflüssige Beziehung zweier Objekttypen dar. Er kann aus der Datenstruktur ersatzlos gestrichen werden, ein Ergebnis, das sich durch konsequente Anwendung der Normalisierungsregeln automatisch ergibt. Der Beziehungstyp FINDET STATT resultiert aus den Elementaraussagen 3 und 4, die in diesem Fall überflüssige Beschreibungen der Miniwelt darstellen. Werden diese Aussagen weggelassen, erhält man das Strukturbild von Abb. 5.24. Die Normalisierungskriterien tragen dazu bei, redundante Elementaraussagen zu erkennen und in der Datenstruktur zu eliminieren.

Ist es in der abzubildenden Miniwelt jedoch möglich, daß Gastdozenten außerhalb ihres Dienstortes an anderen Schule Kurse halten können, ist der Beziehungstyp FINDET STATT eine wichtige, nicht redundante Information. In diesem Fall besteht auch keine funktionale Abhängigkeit des Attributs SCHUL#, da aufgrund der Gasttätigkeit eines Dozenten an unterschiedlichen Schulen sein Dienstort nicht mehr die Kursorte determiniert. Über den Beziehungstyp FINDET STATT wird festgelegt, an welcher Schule ein Kurs stattfindet. Der Beziehungstyp BESCHÄFTIGT sagt aus, an welcher Schule ein Dozent beschäftigt ist, wobei sich für einen bestimmten Kurs im Falle eines Gastdozenten zwei unterschiedliche Schulen ergeben können.

Überbestimmte Datenstrukturen müssen daher immer mit ganz besonderer Sorgfalt auf ihre Ursachen hin untersucht werden.

Der Grund einer überbestimmten Struktur kann darin liegen, daß
  - Normalisierungskriterien verletzt wurden
  - überflüssige Elementaraussagen vorliegen.

Diese überbestimmten Strukturen müssen im Hinblick auf ein redundanzfreies, konsistentes konzeptionelles Schema unbedingt reduziert (normalisiert) werden.

Redundante Datenstrukturen bergen die große Gefahr in sich, daß es zu logischen Inkonsistenzen, d.h. zu Widersprüchen zwischen Datenmodell und real existierender Miniwelt kommen kann. Das folgende Ausprägungsdiagramm zeigt in Form konkreter Objekte (ebenfalls durch Rechtecke dargestellt) Ausschnitte aus der Datenstruktur.

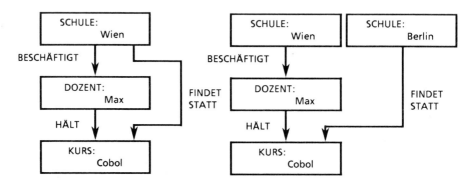

Abb. 5.26. Ausprägungsdiagramme

Unter der Annahme, daß ein Kurs nur am Dienstort des Dozenten stattfinden kann, zeigt das linke Diagramm von Abb. 5.26 einen, der Miniwelt entsprechenden, richtigen Zustand. Das rechte Diagramm zeigt einen der Realität widersprechenden Zustand, da der KURS „Cobol" an der SCHULE „Berlin" gehalten wird, obwohl der unterrichtende DOZENT „Max" an der SCHULE in „Wien" beschäftigt ist. Die Möglichkeiten von logischen Inkonsistenzen ist der ausschlaggebende Grund dafür, warum redundante Beziehungstypen im Datenmodell vermieden werden sollten. Beziehungstypen repräsentieren in einem Datenbankmodell auch Zugriffspfade, legen also fest, auf welchen Wegen zwischen einzelnen Objekttypen navigiert werden kann, bzw. Beziehungen herstellbar sind. Abhängig vom jeweils verwendeten physischen Datenbanksystem kann es z.B. im Interesse eines zeitoptimalen Zugriffsverhaltens erforderlich sein, zusätzliche Zugriffspfade im Datenmodell vorzusehen. Dieser Aspekt spielt besonders in Online-Applikationen eine bedeutsame Rolle, da die Anwender in der Regel gerade bei häufig verwendeten Funktionen

5.6 Überbestimmte Datenstruktur

kurze Antwortzeiten fordern. Wie bereits betont, wird bei der Erstellung eines konzeptionellen Schemas auf systemtechnische und ablauforientierte Problembereiche, wie Optimieren und Tunen, bewußt nicht eingegangen. Im Hinblick auf eine klare Trennung der logischen und physikalischen Bestimmungsgrößen eines Datenbankmodells sind diese Fragen erst bei der Umsetzung des logischen Schemas auf ein konkretes physikalisches Datenbanksystem zu untersuchen.

Die Elementaraussagen von Abb. 5.22 werden um 4 Aussagen, den neu hinzukommenden Objekttyp HÖRER betreffend, erweitert. Die Einschränkung, daß ein Dozent nur an seinem Dienstort Kurse abhalten kann, soll weiter gelten. Weiters soll einschränkend angenommen werden, daß die Kursanmeldung eines Hörers nur an jener Schule erfolgen kann, an der auch der Kursbesuch stattfindet. Für den Objekttyp HÖRER wird das Attribut HÖRER# als Primärschlüssel angenommen.

ELEMENTAR-AUSSAGEN							
NR	SUBJEKT MENGE	SUBJEKT	PRÄDIKAT	OBJEKT MENGE VON BIS		OBJEKT	VERBUND
1	1	DOZENT	IST BESCHÄFTIGT AN	1	1	SCHULE	
2	1	SCHULE	SIND BESCHÄFTIGT	1	N	DOZENT	
3	1	KURS	FINDET STATT	1	1	SCHULE	
4	1	SCHULE	FINDET STATT	1	N	KURS	
5	1	DOZENT	HÄLT	1	N	KURS	
6	1	KURS	WIRD GEHALTEN VON	1	1	DOZENT	
7	1	KURS	BESUCHEN	1	N	HÖRER	
8	1	HÖRER	BESUCHT	1	1	KURS	
9	1	SCHULE	GEMELDET	1	N	HÖRER	
10	1	HÖRER	GEMELDET AN	1	1	SCHULE	

Abb. 5.27. Elementaraussagen

5. Methoden der Datenbankmodellierung

BEZIEHUNGSTYPEN					
NR. E-Aussage	OBJEKT-TYP A	OBJEKT-TYP B	ZU-ORD-NUNG	BEZIEHUNGSTYP- NAMEN	GRAD
2	SCHULE	DOZENT	1:N	BESCHÄFTIGT	1:N
1	DOZENT	SCHULE	1:1		
4	SCHULE	KURS	1:N	FINDET STATT	1:N
3	KURS	SCHULE	1:1		
5	DOZENT	KURS	1:N	HÄLT	1:N
6	KURS	DOZENT	1:1		
7	KURS	HÖRER	1:N	BESUCHT	1:N
8	HÖRER	KURS	1:1		
9	SCHULE	HÖRER	1:N	GEMELDET	1:N
10	HÖRER	SCHULE	1:1		

Abb. 5.28. Beziehungstypen

Damit ergeben sich folgende Relationen:

Nummer der
Elementar-
aussage

	A SCHULE (SCHUL#, ...)	⎫ Beschreibung
	B DOZENT (DOZENTEN#, ...)	⎬ der
	C KURS (KURS#, ...)	⎭ Objekttypen
	D HÖRER (HÖRER#, ...)	
1,2	E DOZENT-BESCHÄFTIGT (DOZENTEN#, SCHUL#, ...)	
3,4	F KURS-FINDET-STATT (KURS#, SCHUL#, ...)	
5,6	G KURS-HÄLT (KURS#, DOZENTEN#, ...)	
7,8	H HÖRER-BESUCHT (HÖRER#, KURS#, ...)	
9,10	I HÖRER-GEMELDET (HÖRER#, SCHUL#, ...)	

Alle Relationen, deren Primärschlüssel übereinstimmen, müssen zu einer Relation aggregiert werden.

5.6 Überbestimmte Datenstruktur

A   SCHULE (SCHUL#, ...)

B + E   DOZENT (DOZENTEN#, SCHUL#, ...)

C + F + G   KURS (KURS#, SCHUL#, DOZENTEN#, ...)
         ⟵ (Aussage 1)

D + H + I   HÖRER (HÖRER#, KURS#, SCHUL#, ...)
         ⟶ (Aussage 3)

Durch den Aggregierungsprozeß sind die Aussagen über den Realitätsausschnitt auf vier Relationen verdichtet worden. Für den weiteren Modellierungsprozeß ist es daher unerläßlich, sich die in den einzelnen Relationen enthaltenen Abhängigkeiten zu vergegenwärtigen:
- Die Relation DOZENT beschreibt über das Attribut SCHUL# den Dienstort eines Dozenten.
- Die Relation KURS definiert einerseits den Kursort (SCHUL#) eines Kurses (KURS#) und ordnet andererseits über das Attribut DOZENTEN# den Kursleiter eines Kurses zu.
- Die Relation HÖRER legt über das Attribut KURS# fest, welchen Kurs ein Hörer besucht. Das Attribut SCHUL# bestimmt, an welcher Schule eine Kursanmeldung erfolgt ist.

Eine Untersuchung dieser vier Relationen auf Verletzung von Normalisierungskriterien führt zu folgendem Ergebnis:
- In der Relation KURS ist das Attribut SCHUL# aufgrund der Elementaraussage 1 funktional abhängig von DOZENTEN# unter der Annahme, daß ein Dozent Kurse nur an seinem Dienstort abhalten kann. Die funktionale Abhängigkeit in der Relation KURS besteht deshalb, da Dienst- und Kursort eines Dozenten immer übereinstimmen müssen.
- In der Relation HÖRER ist das Attribut SCHUL# wegen der Elementaraussage 3 funktional abhängig von KURS# unter der Annahme, daß Kursanmeldung und Kursbesuch stets an der gleichen Schule erfolgen müssen. Das bedeutet, daß die funktionale Abhängigkeit in der Relation KURS zwischen den Attributen KURS# und SCHUL#, die Abhaltung eines Kurses betreffend, gleichermaßen in der Relation HÖRER besteht, da sich Kursort und Ort der Kursanmeldung nicht unterscheiden dürfen.

Diese beiden Relationen sind entsprechend den Normalisierungsregeln zu zerlegen.

KURS ⟶ DOZENT-SCHULE (<u>DOZENTEN#</u>, SCHUL#)   herausgelöste Relation
KURS ⟶ KURS (<u>KURS#</u>, DOZENTEN#, ...)   Restrelation

HÖRER ⟶ KURS-SCHULE (<u>KURS#</u>, SCHUL#)   herausgelöste Relation
HÖRER ⟶ HÖRER (<u>HÖRER#</u>, KURS#, ...)   Restrelation

Die sechs Relationen sind nun wiederum auf gleiche Primärschlüssel zu überprüfen und in dem iterativ folgenden Schritt zu aggregieren.

SCHULE (<u>SCHUL#</u>, ...)
DOZENT + DOZENT-SCHULE = DOZENT (<u>DOZENTEN#</u>, SCHUL#, ...)
KURS + KURS-SCHULE = KURS (<u>KURS#</u>, DOZENTEN#, SCHUL#, ...)
HÖRER (<u>HÖRER#</u>, KURS#, ...)   (Aussage 1)

Abermals sind diese Ergebnisrelationen auf Verletzung von Normalisierungskriterien zu untersuchen, wobei sich in der Relation KURS die bereits bekannte funktionale Abhängigkeit des Attributes SCHUL# ergibt.

KURS ⟶ KURS-SCHULE (<u>DOZENTEN#</u>, SCHUL#)   herausgelöste Relation
KURS ⟶ KURS (<u>KURS#</u>, DOZENTEN#, ...)   Restrelation

Aggregieren dieser Relation führt schließlich zu folgenden vier Ergebnisrelationen:

SCHULE (<u>SCHUL#</u>, ...)
DOZENT + KURS-SCHULE = DOZENT (<u>DOZENTEN#</u>, SCHUL#, ...)
KURS (<u>KURS#</u>, DOZENTEN#, ...)
HÖRER (<u>HÖRER#</u>, KURS#, ...)

Dieses Beispiel macht deutlich, daß die Regeln der Normalisierung und Aggregierung solange iterativ auf die entsprechenden Relationen angewendet werden müssen, bis alle funktionalen Abhängigkeiten beseitigt werden.
Die folgende Abbildung zeigt das entsprechend den Regeln von

Kapitel 5.1 entwickelte Strukturdiagramm, das deutlich eine lineare Datenstruktur, d.h. keine komplexen Verkettungen und Vernetzungen, erkennen läßt.

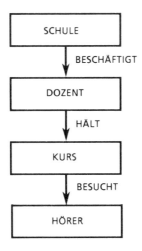

Abb. 5.29. Lineare Datenstruktur

Dieser iterative Normalisierungsprozeß hat bewirkt, daß die unter den eingangs getroffenen Voraussetzungen überflüssigen Elementaraussagen 3 und 4 (Kursort ist auch Dienstort), sowie 9 und 10 (Ort der Kursanmeldung ist auch Kursort) nicht zu redundanten Datenstrukturen führen.

Werden diese beiden Einschränkungen aufgehoben, dann enthalten die Aussagen 3, 4, 9 und 10 sehr wohl fundamentale Informationen für das Datenmodell. Im Strukturdiagramm wird dies durch die zusätzlichen Beziehungstypen GEHALTEN und GEMELDET deutlich.

In einem weiteren Schritt soll die letzte Elementaraussage von Abb. 5.22 derart erweitert werden, daß Kurse nicht nur von einem, sondern von mehreren Dozenten gehalten werden können. Die Spalte Objekt Menge der sechsten Elementaraussage hat in diesem Fall den Wert „1/M" zum Inhalt, sodaß zwischen den Objekttypen DOZENT und KURS ein Beziehungstyp vom Grad „M:N" besteht. Dies bedingt, daß in der Relation F bzw. KURS-DOZENT die beiden Attribute KURS# und DOZENTEN# den zusammengesetzten Primärschlüssel bilden. Aus Gründen der Eindeutigkeit des Schlüssels läßt es das Datenmodell jedoch nicht zu, daß ein bestimmter Kurs mehrmals

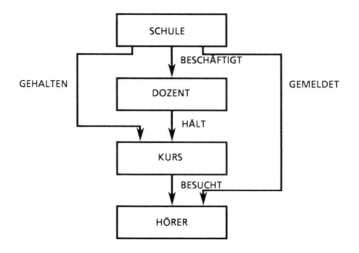

Abb. 5.30. Vernetzte Datenstruktur

vom gleichen Dozenten abgehalten werden kann. In diesem Fall müßte der Schlüssel um ein zusätzliches Attribut, z.B. um das Datum des Kurses, erweitert werden. Die ursprünglich getroffene Einschränkung, daß ein Dozent prinzipiell Kurse nur an seinem Dienstort abhalten kann, soll auch in diesem Beispiel weiter zutreffen. Somit ergeben sich folgende Relationen:

    A   SCHULE (SCHUL#, ...)
    B   DOZENT (DOZENTEN#, ...)
    C   KURS (KURS#, ...)#
    D   DOZENT-BESCHÄFTIGT (DOZENTEN#, SCHUL#, ...)
    E   KURS-FINDET-STATT (KURS#, SCHUL#, ...)
    F   KURS-HÄLT (KURS#, DOZENTEN#, ...)

Aggregieren jener Relationen mit gleichem Primärschlüssel führt zur Verdichtung auf vier Relationen.

    A   SCHULE (SCHUL#, ...)
    B + D   DOZENT (DOZENTEN#, SCHUL#, ...)
    C + E   KURS (KURS#, SCHUL#, ...)
    F   KURS-HÄLT (KURS#, DOZENTEN#, ...)

5.6 Überbestimmte Datenstruktur

Die Datenstruktur von Abb. 5.31 ist überbestimmt, da ausgehend von dem Objekttyp SCHULE der Objekttyp KURS-HÄLT auf mehr als einem Beziehungstyp-Pfad erreicht werden kann. Einer der beiden Beziehungstypen FINDET-STATT und BESCHÄFTIGT ist redundant und kann im Datenmodell ersatzlos weggelassen werden.

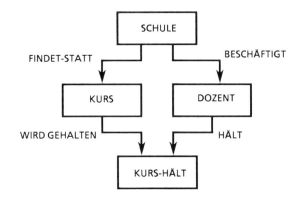

Abb. 5.31. Überbestimmte Struktur

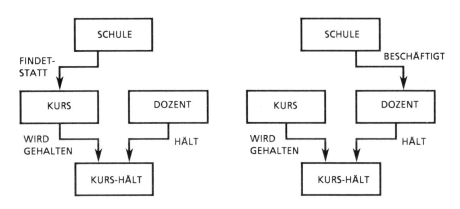

Abb. 5.32. Reduzierung von redundanten Beziehungstypen

In der linken Datenstruktur von Abb. 5.32 wurde der Beziehungstyp BESCHÄFTIGT eliminiert, da der Dienstort eines Dozenten über die Beziehungstypen HÄLT, WIRD GEHALTEN und FINDET-STATT ermittelt werden kann. Gleichermaßen kann in der rechten Datenstruktur der Beziehungstyp FINDET-STATT ohne Informationsverlust weggelassen werden. Diese Reduzierung ist jedoch nur dann zulässig, wenn Dienstort und Kursort eines Dozenten immer übereinstimmen müssen. Trifft diese Bedingung nicht immer in der Realität zu, dann müssen beide Beziehungstypen im Datenmodell vorgesehen werden, da die Verweise auf Kursort (FINDET-STATT) und Dienstort (BESCHÄFTIGT) zu unterschiedlichen Schulen führen können.

Überbestimmte Datenstrukturen können durchaus richtige, widerspruchsfreie und redundanzfreie Abbildungen der Miniwelt repräsentieren.

Einen entscheidenden Einfluß auf die Redundanz von Datenstrukturen übt die Art (Kann/Muß) der entsprechenden Beziehungstypen aus. Um diesen Sachverhalt zu verdeutlichen, wird das letzte Beispiel insofern abgewandelt, als in den Elementaraussagen 3 und 5 der Inhalt der Spalte OBJEKT MENGE auf „0/1" bzw. „0/N" verändert wird. Dies drückt aus, daß ein bestimmter Kurs an keiner Schule stattfinden kann, und daß es Dozenten ohne Kursverpflichtung, z.B. aus Gründen von Einarbeitung oder Krankheit, geben kann.

ELEMENTAR-AUSSAGEN						
NR	SUBJEKT MENGE	SUBJEKT	PRÄDIKAT	OBJEKT MENGE VON BIS		OBJEKT	VERBUND
1	1	DOZENT	IST BESCHÄFTIGT AN	1	1	SCHULE	
2	1	SCHULE	SIND BESCHÄFTIGT	1	N	DOZENT	
3	1	KURS	FINDET STATT	0	1	SCHULE	
4	1	SCHULE	FINDET STATT	1	N	KURS	
5	1	DOZENT	HÄLT	0	N	KURS	
6	1	KURS	WIRD GEHALTEN VON	1	N	DOZENT	

Abb. 5.33. Elementaraussagen

Um das dem jeweiligen Beziehungstyp entsprechende Symbol im Strukturdiagramm schnell und richtig eintragen zu können, wird in der Tabelle von Abb. 5.34 eine zusätzliche Spalte SYMBOL eingeführt, wobei die Notation von Abb. 3.25 Verwendung findet.

Die Löschung des Beziehungstyps BESCHÄFTIGT in der Datenstruktur von Abb. 5.35 bewirkt Informationsverlust, da bei Dozenten, die keine Kurse abhalten, die Ermittlung des Dienstortes nicht mehr

5.6 Überbestimmte Datenstruktur

möglich ist. Dieser Beziehungstyp darf somit als informationstragendes Strukturelement nicht aus dem Datenmodell entfernt werden.

BEZIEHUNGSTYPEN						
NR. E-Aussage	OBJEKT-TYP A	OBJEKT-TYP B	ZU-ORD-NUNG	BEZIEHUNGSTYP-		
				NAMEN	GRAD	SYMBOL
2	SCHULE	DOZENT	1:N	BESCHÄFTIGT	1:N	⟶
1	DOZENT	SCHULE	1:1			
4	SCHULE	KURS	1:N	FINDET-STATT	0/1:N	─0⟶
3	KURS	SCHULE	1:0/1			
5	DOZENT	KURS	1:0/N	HÄLT	M:0/N	⟵─0⟶
6	KURS	DOZENT	1:M			

Abb. 5.34. Beziehungstypen

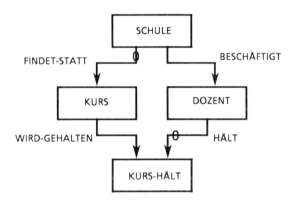

Abb. 5.35. Strukturdiagramm

Ein Strukturpfad einer überbestimmten Datenstruktur (SCHULE-BESCHÄFTIGT-DOZENT-HÄLT-[KURS-HÄLT]) besitzt dann keine redundanten, d.h. möglicherweise zu reduzierenden Beziehungstypen, wenn
  - *mindestens eine Kann-Beziehung von einer höheren zu einer tieferen Strukturstufe (Beziehungstyp HÄLT) besteht, oder wenn*

- der parallele Strukturpfad (SCHULE-[FINDET-STATT]-KURS-[WIRD-GEHALTEN]-[KURS-HÄLT]) mindestens eine Kann-Beziehung von einer tieferen zu einer höheren Strukturstufe (Beziehungstyp FINDET-STATT) enthält, sodaß auf diesem Weg nicht alle Objekttypen erreicht werden können.

Da in Abb. 5.35 für den linken Strukturpfad die erste Bedingung nicht zutrifft und *gleichzeitig* auch für den parallelen Strukturpfad die zweite Bedingung nicht erfüllt ist, kann der Beziehungstyp FINDET-STATT als redundantes Strukturelement aus dem Datenmodell entfernt werden. Die Beseitigung dieses Beziehungstyps hat den großen Vorteil, daß Integritätsverletzungen innerhalb des Datenmodells vermieden werden. Das Datenmodell läßt nicht zu, daß Kurse eines Dozenten außerhalb seines Dienstortes stattfinden können. Fällt die anfangs getroffene Einschränkung weg, daß Dienstort und Kursort eines Dozenten immer übereinstimmen müssen, läßt sich die Datenstruktur von Abb. 5.35 nicht weiter reduzieren.

5.7 Widersprüchliche Elementaraussagen

Nicht selten kommt es vor, daß Aufgabenstellungen nicht nur ungenau und unvollständig formuliert sind, sondern darüberhinaus mit Fehlern und inneren Widersprüchen behaftet sind. Der Formalismus der Elementaraussagen zwingt den Analytiker in gewissem Maße zu einer systematischen Beschreibung der Miniwelt, wenngleich die Vollständigkeit, die Relevanz und die Korrektheit der auf ein Datenmodell umzusetzenden Informationselemente vorwiegend auf intellektueller Basis überprüft werden können. In diesem Abschnitt soll wieder anhand eines Beispiels gezeigt werden, daß die Datenstruktur als Resultat des Designprozesses in gewissen Grenzen Hinweise darauf zuläßt, ob in den Elementaraussagen bestimmte logische Widersprüche enthalten sind.

Auch für dieses Beispiel soll die Einschränkung gelten, daß Dozenten nur an ihren Dienstorten Kurse abhalten können. Schon bei diesen wenigen Elementaraussagen fällt der Widerspruch zwischen den Aussagen 1, 4 und 6 nicht unmittelbar auf. Umso schwieriger gestaltet sich beim Design großer Datenmodelle die manuelle Überprüfung Hunderter von Elementaraussagen auf Korrektheit und Widerspruchsfreiheit.

5.7 Widersprüchliche Elementaraussagen

ELEMENTAR-AUSSAGEN							
NR	SUBJEKT MENGE	SUBJEKT	PRÄDIKAT	OBJEKT MENGE VON	BIS	OBJEKT	VERBUND
1	1	DOZENT	IST BESCHÄFTIGT IN	1	1	SCHULE	
2	1	SCHULE	SIND BESCHÄFTIGT	1	N	DOZENT	
3	1	DOZENT	HÄLT	1	N	KURS	
4	1	KURS	WIRD GEHALTEN VON	1	1	DOZENT	
5	1	SCHULE	FINDEN STATT	1	N	KURS	IN RAUM
6	1	KURS	FINDEN STATT	1	M	SCHULE	

Abb. 5.36. Widersprüchliche Elementaraussagen

BEZIEHUNGSTYPEN						
NR. E-Aussage	OBJEKT-TYP A	OBJEKT-TYP B	ZU-ORD-NUNG	BEZIEHUNGSTYP-		
				NAMEN	GRAD	SYMBOL
2	SCHULE	DOZENT	1:N	BESCHÄFTIGT	1:N	⟶
1	DOZENT	SCHULE	1:1			
3	DOZENT	KURS	1:N	UNTERRICHTET	1:N	⟶
4	KURS	DOZENT	1:1			
5	SCHULE	KURS	1:N	FINDET-STATT	M:N	⟷
6	KURS	SCHULE	1:M			

Abb. 5.37. Beziehungstypen

Der M:N-Beziehungstyp FINDET-STATT muß entsprechend dem Naturgesetz der Datenstrukturierung zerlegt werden, wobei als Beziehungs-Objekte die Schulräume, in denen die Kurse stattfinden, verwendet werden. Damit ergeben sich folgende Relationen:

A SCHULE (SCHUL#, ...)
B DOZENT (DOZENTEN#, ...)
C KURS (KURS#, ...)
D DOZENT-BESCHÄFTIGT (DOZENTEN#, SCHUL#)

E KURS-HÄLT (KURS#, DOZENTEN#)
F SCHULE-KURS (SCHUL#, KURS#, RAUM#)

Folgende Relationen können aggregiert werden:

B + D = DOZENT (DOZENTEN#, SCHUL#, ...)
C + E = KURS (KURS#, DOZENTEN#, ...)

Die Darstellung der vier Ergebnisrelationen mit den Verbindungen der entsprechenden Primär- und Fremdschlüssel zeigt eine überbestimmte Datenstruktur.

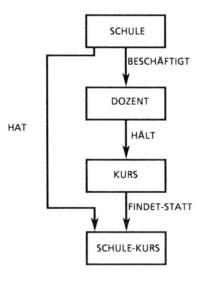

Abb. 5.38. Überbestimmte Datenstruktur

Diese Überbestimmtheit kommt aufgrund logischer Widersprüche zwischen einzelnen Elementaraussagen zustande.

Der Grund einer überbestimmten Struktur kann darin liegen, daß die Elementaraussagen logische Widersprüche enthalten. Diese überbestimmten Strukturen müssen im Hinblick auf ein redundanzfreies, konsistentes konzeptionelles Schema unbedingt reduziert werden.

Durch Entfernen des Beziehungstyps HAT wird die Struktur von Abb. 5.46 reduziert. Die Aussagen 5 und 6 sind nicht nur wider-

5.7 Widersprüchliche Elementaraussagen

sprüchlich, sondern auch redundant, soferne allerdings die Kursräume keine relevanten Informationen darstellen, sodaß der Objekttyp SCHULE-KURS im Strukturdiagramm entfallen kann.

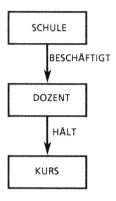

Abb. 5.39. Reduzierte Datenstruktur

Ist jedoch RAUM ein relevantes, aus mehreren Attributen bestehendes Informationsobjekt des Datenmodells, stellt der an KURS hängende Objekttyp RAUM keine befriedigende Lösung dar, da für Kurse, die im selben Raum stattfinden, das gleiche Objekt mehrfach auftritt. Werden die Elementaraussagen entsprechend der folgenden Abbildung erweitert, ergibt sich das Strukturbild von Abb. 5.41.

ELEMENTAR-AUSSAGEN							
NR	SUBJEKT MENGE	SUBJEKT	PRÄDIKAT	OBJEKT MENGE VON	BIS	OBJEKT	VERBUND
7	1	SCHULE	HAT	1	N	RAUM	
8	1	RAUM	GEHÖRT ZU	1	1	SCHULE	
9	1	RAUM	WERDEN ABGEHALTEN	1	N	KURS	
10	1	KURS	WIRD ABGEHALTEN	1	1	RAUM	

Abb. 5.40. Erweiterte Elementaraussagen

Diese Struktur von Abb. 5.41 beinhaltet zwei parallele Strukturpfade, stellt also definitionsgemäß eine überbestimmte Struktur dar. Unter der Annahme, daß ein Dozent nur Kurse an seinem Dienstort abhalten kann, enthält das Datenmodell redundante Strukturen. Alternativ können die Beziehungstypen HAT oder BESCHÄFTIGT

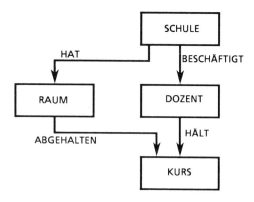

Abb. 5.41. Erweitertes Strukturdiagramm

weggelassen werden, wobei beide reduzierten Datenmodelle gleichwertig sind. Kann hingegen ein Dozent an einer anderen Schule als an seinem Dienstort Kurse abhalten, enthält das Datenmodell von Abb. 5.41 keine redundanten Datenstrukturen.

Die Semantik, d.h. die inhaltliche Aussage, eines Beziehungstyps legt fest, ob dieser als redundantes Strukturelement aus dem Datenmodell eliminiert werden muß oder eine informationstragende, nicht zu reduzierende Komponente der Datenstruktur darstellt.

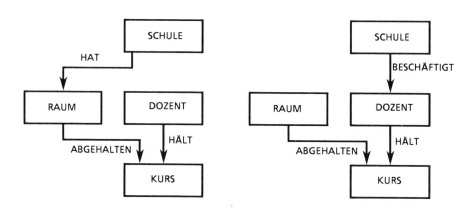

Abb. 5.42. Reduzierte Datenstrukturen

6. Wichtige Datenstrukturen

Auf Basis der vorgestellten Regeln und Methoden wird in diesem Kapitel auf typische, in unterschiedlichen Datenmodellen immer wiederkehrende Datenstrukturen eingegangen. Ähnlich den Konstruktionselementen, die in verschiedenartigsten Konstruktionen immer wieder Verwendung finden, existieren auch im Bereich der Datenbankmodellierung charakteristische, häufig vorkommende Standardstrukturen.

6.1 Baumstrukturen

Eine Baumstruktur liegt dann vor, wenn ein Objekttyp immer genau einen und nur einen Fremdschlüssel enthält. Jener Objekttyp, von dem die Struktur ausgeht (häufig als Wurzel bezeichnet), besitzt keinen Fremdschlüssel.

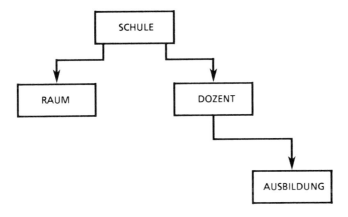

Abb. 6.1. Baumstruktur

Unter Zugrundelegung des Strukturdiagramms kann eine Baumstruktur derart definiert werden, daß von einem Objekttyp beliebig viele Pfeilsymbole ausgehen können, auf einem Objekttyp aber nur ein Pfeil landen darf. Baumstrukturen können beliebige Höhen, d.h. unbegrenzt viele hierarchische Stufen aufweisen, auch der Breite des Baumes ist prinzipiell keine Grenze gesetzt. Eine Baumstruktur kann zu einer linearen Struktur entarten, wenn von einem Objekttyp auch immer nur ein Pfeilsymbol ausgehen kann (Beispiel in Abb. 5.29).

6.2 Netzstrukturen

Jeder Objekttyp kann in einer Netzstruktur mit beliebig vielen anderen Objekttypen in Beziehung stehen und kann im Gegensatz zur Baumstruktur beliebig viele Fremdschlüssel enthalten.

Netzstrukturen sind in einem Strukturdiagramm daran erkennbar, daß von einem Objekttyp beliebig viele Pfeilsymbole ausgehen können, und daß gleichermaßen unbegrenzt viele Pfeile auf einem Objekttyp landen können (Beispiel in Abb. 5.31).

6.3 Unechte Parallelstrukturen

Datenstrukturen werden als „parallel" bezeichnet, wenn zwischen zwei Objekttypen mehr als ein Beziehungstyp existiert. Parallelstrukturen sind definitionsgemäß Netzstrukturen.

Die Tatsache, daß Parallelstrukturen sehr häufig in Datenmodellen anzutreffen sind, ist Grund dafür, auf die Bedeutung, aber auch Problematik dieser Strukturen im Rahmen dieses Kapitels näher einzugehen. Der Sachverhalt soll in Form eines Beispiels verdeutlicht werden, wobei die folgenden Elementaraussagen die Aufgabenstellung präzisieren.

6.3 Unechte Parallelstrukturen

	ELEMENTAR-AUSSAGEN						
NR	SUBJEKT MENGE	SUBJEKT	PRÄDIKAT	OBJEKT MENGE VON	BIS	OBJEKT	VERBUND
1	1	KUNDE	BESTELLT	0	N	AUFTRAG	
2	1	AUFTRAG	WIRD BESTELLT	1	1	KUNDE	
3	1	KUNDE	WERDEN GELIEFERT	0	N	AUFTRAG	
4	1	AUFTRAG	WIRD GELIEFERT	1	1	KUNDE	
5	1	KUNDE	STORNIERT	0	N	AUFTRAG	
6	1	AUFTRAG	WIRD STORNIERT	1	1	KUNDE	
7	1	KUNDE	WERDEN IN RECHNUNG GESTELLT	0	N	AUFTRAG	
8	1	AUFTRAG	WIRD IN RECHNUNG GESTELLT	1	1	KUNDE	
9	1	KUNDE	BEZAHLT	0	N	AUFTRAG	
10	1	AUFTRAG	WIRD BEZAHLT VON	1	1	KUNDE	

Abb. 6.2. Elementaraussagen

	BEZIEHUNGSTYPEN					
NR. E-Aussage	OBJEKT-TYP A	OBJEKT-TYP B	ZU-ORD-NUNG	BEZIEHUNGSTYP-		
				NAMEN	GRAD	SYMBOL
1	KUNDE	AUFTRAG	1:0/N	BESTELLT	1:N	—∅➤
2	AUFTRAG	KUNDE	1:1			
3	KUNDE	AUFTRAG	1:0/N	GELIEFERT	1:N	—∅➤
4	AUFTRAG	KUNDE	1:1			
5	KUNDE	AUFTRAG	1:0/N	STORNIERT	1:N	—∅➤
6	AUFTRAG	KUNDE	1:1			
7	KUNDE	AUFTRAG	1:0/N	FAKTURIERT	1:N	—∅➤
8	AUFTRAG	KUNDE	1:1			
9	KUNDE	AUFTRAG	1:0/N	BEZAHLT	1:N	—∅➤
10	AUFTRAG	KUNDE	1:1			

Abb. 6.3. Beziehungstypen

Damit ergeben sich folgende Relationen:

**Nummer der
Elementar-
aussagen**

	A	KUNDE (KUNDEN#, ...)	Beschreibung der
	B	AUFTRAG (AUFTRAGS#, ...)	Objekttypen
1,2	C	BESTELLT (AUFTRAGS#, KUNDEN#)	
3,4	D	GELIEFERT (AUFTRAGS#, KUNDEN#)	
5,6	E	STORNIERT (AUFTRAGS#, KUNDEN#)	
7,8	F	FAKTURIERT (AUFTRAGS#, KUNDEN#)	
9,10	H	BEZAHLT (AUFTRAGS#, KUNDEN#)	

Bevor alle Relationen mit demselben Primärschlüssel AUFTRAGS# zu einer umfassenderen Relation aggregiert werden, muß auf den Wertebereich des Attributes KUNDEN# näher eingegangen werden. In der Relation C umfaßt das Attribut KUNDEN# die Nummern all jener Kunden, die Aufträge bestellt haben. In der Relation D enthält das gleiche Attribut KUNDEN# hingegen die Nummern der Kunden, die bereits Lieferungen erhalten haben, der Wertebereich ist ein anderer als der von Relation C. Beim Aggregieren der Relationen C und D dürfen daher die Attribute KUNDEN# aufgrund ihres gleichen Namens nicht zu einem Attribut verschmolzen werden, da beide Attribute unterschiedliche Wertebereiche aufweisen. Dieser Sachverhalt tritt gleichermaßen auch bei den Relationen E, F und H auf. Um das fälschliche Zusammenfassen der Attribute KUNDEN# zu vermeiden, werden diese Attribute je Relation mit einem unterschiedlichen Namen versehen, wobei folgende Attributnamen gewählt werden:

B-KUNDEN#: Kunden mit bestellten Aufträgen
G-KUNDEN#: Kunden mit gelieferten Aufträgen
S-KUNDEN#: Kunden mit stornierten Aufträgen
F-KUNDEN#: Kunden mit fakturierten Aufträgen
BZ-KUNDEN#: Kunden mit bezahlten Aufträgen

Der Aggregierungsprozeß liefert folgendes Ergebnis:

B + C + D + E + F + G + H = AUFTRAG (AUFTRAGS#, B-KUNDEN#, G-KUNDEN#,
S-KUNDEN#, F-KUNDEN#, BZ-KUNDEN#)

Ergänzend ist noch zu bemerken, daß die Attribute G-KUNDEN#, S-KUNDEN#, F-KUNDEN# und BZ-KUNDEN# auch keine Werte beinhalten können, da bestellte Aufträge noch nicht geliefert, storniert, fakturiert oder bezahlt sein müssen. Dies ist auch der Grund dafür, warum zwischen diesen Attributen und dem Attribut B-KUNDEN# keine funktionale Abhängigkeit besteht, wie man vielleicht annehmen könnte. Das Attribut B-KUNDEN# determiniert den Wert des Attributes G-KUNDEN# nur dann, wenn es eine Lieferung an den entsprechenden Kunden gibt; gibt es keine Lieferung, liegt eben keine Determinierung vor. Mit allen anderen Attributen verhält es sich analog.

Die Umsetzung der beiden Relationen KUNDE und AUFTRAG entsprechend den Regeln von Kapitel 5 ergibt das folgende Strukturdiagramm.

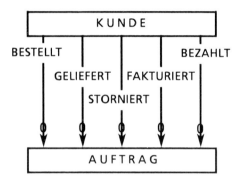

Abb. 6.4. Parallelstruktur

Obwohl die Attribute B-KUNDEN# bis BZ-KUNDEN# alle unterschiedliche Namen haben, handelt es sich doch um das Attribut KUNDEN#, das in der Relation KUNDE den Primärschlüssel bildet. Die Relation AUFTRAG besitzt daher fünf gleiche Fremdschlüssel, eine Tatsache, die dafür verantwortlich ist, daß zwischen den beiden Objekttypen fünf Beziehungstypen, bzw. im Strukturdiagramm fünf parallele Pfeile existieren. Sieht man sich ein konkretes Objekt AUFTRAG an, dann stellt man fest, daß dieses Objekt in mehreren Beziehungen zu jedoch immer nur einem ganz bestimmten Kunden stehen kann.

Eine Parallelstruktur wird dann als „unecht" bezeichnet, wenn das hierarchisch untergeordnete Objekt, d.h. jenes Objekt, auf dem die Pfeile landen (AUFTRAG), nur mit einem einzigen hierarchisch übergeordnetem Objekt (KUNDE) in mehrfachen Beziehungen steht. Diese Struktur wird deshalb als „unecht" bezeichnet, da es durch strukturtechnische Maßnahmen möglich ist, alle parallel zwischen zwei Objekttypen bestehenden Beziehungstypen bis auf einen einzigen zu reduzieren.

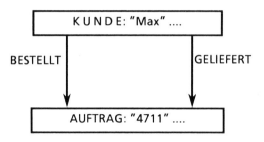

Abb. 6.5. Ausprägungsdiagramm einer unechten Parallelstruktur

Die einzelnen Beziehungstypen einer unechten Parallelstruktur lassen sich durch Statusattribute im hierarchisch untergeordnetem Objekttyp (AUFTRAG) ersetzen. Dabei können beispielsweise folgende Attribute mit den entsprechenden Bedeutungen gewählt werden:

Attribut	Inhalt	Bedeutung
BESTELLT	$\neq$ Space	bestellter Auftrag
GELIEFERT	$\neq$ Space	gelieferter Auftrag
	$=$ Space	nicht gelieferter Auftrag
STORNIERT	$\neq$ Space	stornierter Auftrag
	$=$ Space	nicht stornierter Auftrag
FAKTURIERT	$\neq$ Space	fakturierter Auftrag
	$=$ Space	nicht fakturierter Auftrag
BEZAHLT	$\neq$ Space	bezahlter Auftrag
	$=$ Space	nicht bezahlter Auftrag

Falls mehrere Beziehungen nur alternativ auftreten, können die entsprechenden Status-Attribute zu einem Attribut zusammengefaßt werden. So kann z.B. ein AUFTRAG nur entweder bestellt, geliefert oder storniert werden, was im Attribut AUF-STATUS festgehalten werden soll. Der Rechnungsstatus eines Auftrages kann nicht faktu-

6.3 Unechte Parallelstrukturen

riert, fakturiert oder bezahlt sein und wird durch das Attribut RECH-STATUS ausgedrückt.

Attribut	Inhalt	Bedeutung
AUF-STATUS	B	bestellter Auftrag
	G	gelieferter Auftrag
	S	stornierter Auftrag
RECH-STATUS	Space	nicht fakturierter Auftrag
	F	fakturierter Auftrag
	B	bezahlter Auftrag

Aus folgenden Gründen sollten bei Erstellung eines konzeptionellen Schemas immer unechte Parallelstrukturen reduziert werden:
- Je weniger Beziehungstypen ein Datenmodell enthält, desto unempfindlicher ist es gegen Strukturänderungen und desto geringer sind die Auswirkungen auf die Verarbeitungsprogramme.
- Die Existenz nur eines Beziehungstyps zwischen zwei Objekttypen verhindert weitgehend das Auftreten struktureller Inkonsistenzen. Eine strukturelle Inkonsistenz liegt auf dieses Beispiel bezogen dann vor, wenn ein bestimmter Auftrag im Gegensatz zur Realität mit mehreren unterschiedlichen Kunden verbunden ist. Dieser logische Widerspruch, z.B. durch fehlerhafte Programmierung verursacht, ist eines der unangenehmsten Probleme einer datenbankgestützten EDV-Applikation.

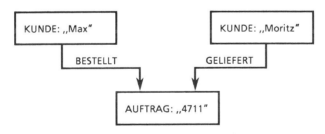

Abb. 6.6. Strukturelle Inkonsistenz einer Parallelstruktur

Die Auswirkungen jener Situation, in der ein bestimmter Kunde einen Artikel bestellt, dieser Artikel jedoch an einen anderen Kunden geliefert wird, und schließlich eine dritte, an diesem Vorgang völlig unbeteiligte Person eine Zahlungsaufforderung für diese Lieferung erhält, sind für jedermann auch ohne große Fantasie leicht vorstellbar. Im Rahmen der Umsetzung des konzeptionellen Schemas auf ein bestimmtes physisches Datenbanksystem kann es aus Performanceüberlegungen notwendig werden, wie schon mehrfach angedeutet, bestimmte Zugriffspfade zu optimieren. Im Hinblick auf diese sehr wichtigen Gesichtspunkte könnten im physikalischen Schema zusätzliche, im konzeptionellen Schema nicht vorhandene, Beziehungstypen neu eingeführt werden. Um jedoch diesen Schritt zu ermöglichen, muß im konzeptionellen Strukturdiagramm jener Beziehungstyp, der das Ergebnis einer reduzierten, unechten Parallelstruktur darstellt, durch ein Symbol entsprechend hervorgehoben werden. Es wird vorgeschlagen, eine beliebige Zahl neben den Beziehungstyp zu setzen und in der Legende des Strukturdiagramms die Statusattribute unter dieser Zahl anzuführen.

6.4 Echte Parallelstrukturen

Die folgenden Elementaraussagen beschreiben einen Realitätsausschnitt, der die Entstehung von echten Parallelstrukturen veranschaulichen soll. Dabei handelt es sich um die beiden Objekttypen DOZENT und HÖRER, die zueinander in einer M:N-Beziehung stehen.

ELEMENTAR-AUSSAGEN						
NR	SUBJEKT MENGE	SUBJEKT	PRÄDIKAT	OBJEKT MENGE VON BIS	OBJEKT	VERBUND
1	1	DOZENT	UNTERRICHTET	1 N	HÖRER	KURS
2	1	DOZENT	HAT	PS	DOZENTEN#	
3	1	HÖRER	WIRD UNTERRICHTET VON	1 M	DOZENT	KURS
4	1	HÖRER	HAT	PS	HÖRER#	

Abb. 6.7. Elementaraussagen

Unter Berücksichtigung des Naturgesetzes der Datenstrukturierung entsteht, wie im Kapitel 5.4 ausgeführt, die Datenstruktur von Abb. 6.8.

Die Relationen A und B beschreiben die Objekttypen DOZENT und HÖRER, die Relation C entsteht aufgrund des M:N-Beziehungstyps. Bei der Wahl des Primärschlüssels wurde davon ausgegangen, daß

6.4 Echte Parallelstrukturen

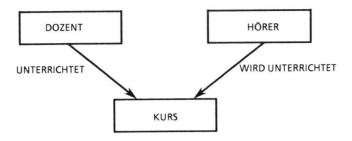

Abb. 6.8. Strukturdiagramm

ein Hörer nur einmal von einem bestimmten Dozenten unterrichtet werden kann.

A DOZENT (DOZENTEN#, ...)
B HÖRER (HÖRER#, ...)
C KURS (DOZENTEN#, HÖRER#, KURS)

In einem weiteren Schritt wird dieses Beispiel derart erweitert, daß Dozenten auch Kurse als Hörer besuchen können und umgekehrt auch Hörer als Dozenten Kurse abhalten können. Es soll in dem zu erstellenden Datenmodell möglich sein, daß sowohl Dozenten die Rolle von Hörern als auch Hörer die Rolle von Dozenten spielen können. Das bedeutet zunächst, daß man einen übergeordneten Objekttyp, z.B. PERSON, definieren muß, der die Eigenschaften der beiden Objekttypen DOZENT und HÖRER vereinigt. Im Strukturdiagramm von Abb. 6.8 wirkt sich dieser Modellierungsschritt derart aus, daß die beiden Rechtecke DOZENT und HÖRER gleichsam zusammenwachsen und zu einem einzigen Objekttyp PERSON verschmelzen. Dieses sich so ergebende Strukturdiagramm zeigt eine Parallelstruktur.

Zeichnet man im Rahmen dieser Struktur ganz bestimmte Objekte in Form eines Ausprägungsdiagrammes heraus, kann man unmittelbar feststellen, daß ein bestimmter Kurs als hierarchisch untergeordnetes Objekt immer mit zwei *unterschiedlichen* hierarchisch übergeordneten Objekten verbunden sein muß. Anders ausgedrückt, muß die Rolle des Hörers und des Dozenten immer von zwei unterschiedlichen Personen getragen werden.

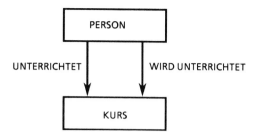

Abb. 6.9. Echte Parallelstruktur

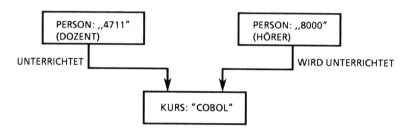

Abb. 6.10. Ausprägungsdiagramm

Diese Struktur wird als „echte Parallelstruktur" bezeichnet, da eine Reduzierung der Beziehungstypen nicht möglich ist.

Eine Parallelstruktur wird dann als „echt" bezeichnet, wenn das hierarchisch untergeordnete Objekt, d.h. jenes Objekt, auf dem die Pfeile landen (KURS), immer mit unterschiedlichen hierarchisch übergeordneten Objekten (PERSON) in mehrfacher Beziehung steht. Diese Struktur wird auch oft als „rekursiv" bezeichnet, da Objekte eines Objekttyps mit anderen Objekten desselben Objekttyps in Beziehung stehen.

Dies hat auch in der relationalen Schreibweise zur Konsequenz, daß die Relationen A und B zu einer Relation PERSON mit dem Primärschlüssel PERS# aggregiert werden.

    A   PERSON (PERS#, ...)

In der Relation C kommt das Attribut PERS# zweimal als Fremdschlüssel mit jedoch unterschiedlichen Wertebereichen vor. Um das fälschliche Zusammenfassen der Attribute PERS# zu vermeiden,

werden beiden Attributen in der Relation KURS unterschiedliche Namen zugeordnet:
- DOZENT.PERS#: identifiziert jene Person, die einen Kurs abhält (PERSON in der Rolle des DOZENTEN)
- HÖRER.PERS#: identifiziert jene Person, die einen Kurs besucht (PERSON in der Rolle des HÖRERS)

Damit ergibt sich die folgende Relation:

C   KURS (DOZENT. PERS#, HÖRER.PERS#, KURS)

Die folgenden Beispiele, zum Großteil aus der alltäglichen und uns vertrauten Umwelt herausgegriffen, sollen die Anwendung und Bedeutung der „rekursiven Objektbeziehungen" verdeutlichen.

6.4.1 Die Stückliste eines Fahrrades

Jedes mehr oder weniger komplexe industrielle Endprodukt, wie z.B. ein Fahrrad, wird aus einer Menge von Teilen assembliert. Dabei können sich Teile, wie z.B. ein Rad, wiederum aus einer Menge von Unterteilen, wie Felge, Speiche, Nabe und Reifen, zusammensetzen. Dieser für die industrielle Fertigung und Logistik unentbehrliche Bauplan wird als Stückliste bezeichnet. Jedes Teil, ob Endprodukt oder Einzelteil, wird durch gleiche Eigenschaften beschrieben. Aus der Sicht der Datenstrukturierung hat dies zur Konsequenz, daß alle Teile einer Stückliste durch einen Objekttyp (TEIL) abgebildet werden, und daß die Objekte als konkrete Repräsentanten bestimmter Teile mit anderen Objekten des gleichen Objekttyps immer in rekursiver Beziehung stehen.

Die Stückliste stellt somit ein klassisches Beispiel einer echten Parallelstruktur dar.

In der folgenden Abbildung wird in Form eines Graphendiagrammes die grobe Struktur eines Fahrrades dargestellt. Jeder Knoten (Kreis), als Repräsentant eines bestimmten Teiles, ist über Kanten (Striche) mit beliebig vielen anderen Knoten verbunden. Die neben den Kanten stehende Zahl gibt die Menge der in Verbindung stehenden Teile an.
Wird diese aus vier Hierarchiestufen bestehende Stückliste von oben nach unten abgearbeitet, bezeichnet man diesen Vorgang als

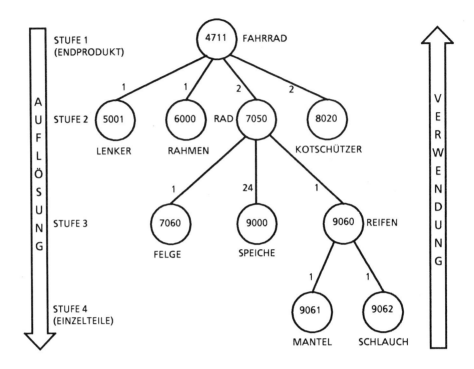

Abb. 6.11. Graphendiagramm einer Stückliste

Auflösung. Beispielsweise besteht ein Fahrrad aus 2 Rädern und jedes Rad aus 24 Speichen. Bei umgekehrter Abarbeitung einer Stückliste von unten nach oben spricht man von Verwendungsnachweis. So wird z.B. eine Speiche 24mal in einem Rad verwendet und ein Rad kommt je Fahrrad 2mal vor, sodaß für die Produktion eines Fahrrades 48 Speichen erforderlich sind. Jedes Graphendiagramm läßt sich auch in Form einer Matrix darstellen.

Die zuerst spaltenweise und danach zeilenweise Interpretation der Matrix führt zur Auflösung einer Stückliste. Die Spalte „4711" besagt, daß ein Fahrrad aus einem (Matrixelement „1") Lenker (Zeile „5001"), einem Rahmen (Zeile „6000") und 2 Rädern (Zeile „7050") besteht. Wird hingegen die Matrix zuerst zeilenweise und dann spaltenweise verarbeitet, erhält man den Verwendungsnachweis einer Stückliste. Da sich beide Prozesse nur in der Reihenfolge der Abarbeitung der Matrixdimensionen unterscheiden, werden Auflösung und Verwendung einer Stückliste auch als inverse Prozesse bezeichnet.

TEILE#	4711	5001	6000	7050	7060	9000	9060	9061	9062	8020
4711	-	-	-	-	-	-	-	-	-	-
5001	1	-	-	-	-	-	-	-	-	-
6000	1	-	-	-	-	-	-	-	-	-
7050	2	-	-	-	-	-	-	-	-	-
7060	-	-	-	1	-	-	-	-	-	-
9000	-	-	-	24	-	-	-	-	-	-
9060	-	-	-	1	-	-	-	-	-	-
9061	-	-	-	-	-	-	1	-	-	-
9062	-	-	-	-	-	-	1	-	-	-
8020	2	-	-	-	-	-	-	-	-	-

WIRD VERWENDET IN (VERWENDUNG)

BESTEHT AUS (AUFLÖSUNG)

Abb. 6.12. Matrixdarstellung einer Stückliste

Jeder M:N-Beziehungstyp zwischen 2 Objekttypen kann in Form einer Matrix abgebildet werden. Die Matrixdimensionen repräsentieren die Objekte der beiden Objekttypen, die Matrixelemente beinhalten die Werte der Beziehungsattribute. Bei rekursiven Objektbeziehungen besteht der einzige Unterschied darin, daß beide Matrixdimensionen die Objekte des gleichen Objekttyps darstellen.

In Anlehnung an die Zweidimensionalität einer Matrix werden Strukturbeziehungen vom Grade M:N zwischen Objekten zweier unterschiedlicher Objekttypen oder eines Objekttyps auch als „zweidimensionale Datenstruktur" bezeichnet (Abb. 6.13).

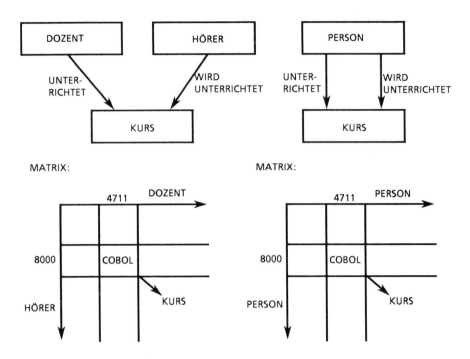

Abb. 6.13. Zweidimensionale Datenstrukturen

ELEMENTAR-AUSSAGEN						
NR	SUBJEKT MENGE	SUBJEKT	PRÄDIKAT	OBJEKT MENGE VON BIS	OBJEKT	VERBUND
1	1	TEIL	HAT	PS	NUMMER	
2	1	TEIL	BESTEHT AUS	0 N	TEIL	MENGE
3	1	TEIL	WIRD VERWENDET IN	0 M	TEIL	MENGE

Abb. 6.14. Elementaraussagen zu einer Stückliste

6.4 Echte Parallelstrukturen

BEZIEHUNGSTYPEN						
NR. E-Aussage	OBJEKT-TYP A	OBJEKT-TYP B	ZU-ORD-NUNG	BEZIEHUNGSTYP-		
				NAMEN	GRAD	SYMBOL
2	TEIL	TEIL	1:0/N	BESTEHT AUS	M:N	◄─0─0─►
3	TEIL	TEIL	1:0/M	VERWENDET IN		

Abb. 6.15. Beziehungstyp einer Stückliste

Damit ergeben sich folgende Relationen:

TEIL (TEILE#, ...)
STRUKTUR (AUF.TEILE#, VERW.TEILE#, MENGE, ...)

Ähnlich wie im letzten Beispiel das Attribut PERS#, kommt TEILE# in der Relation STRUKTUR zweimal als Fremdschlüssel vor. Da auch hier die Wertebereiche unterschiedlich sind, werden den Fremdschlüsseln unterschiedliche Namen zugeteilt, um eine fälschliche Zusammenfassung beider Attribute zu einem Attribut zu unterbinden. Das Attribut AUF.TEILE# der Relation STRUKTUR enthält die Menge aller Teile, die in einer Stückliste weiter zerlegt werden. All jene Teile, die im Rahmen einer Stückliste einer Verwendung zugeführt werden, bilden die Wertemenge des Attributes VERW.TEILE#. Beide Attribute sind jedoch definitionsgemäß Fremdschlüssel, sodaß gemäß der Regel, Primär- mit Fremdschlüssel zu verbinden, im Strukturdiagramm zwei Pfeile als Repräsentanten von Beziehungstypen existieren.

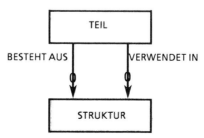

Abb. 6.16. Strukturdiagramm einer Stückliste

Abb. 6.17 zeigt, basierend auf dem konkreten Beispiel des Fahrrades, die einzelnen Zeilen der Relation STRUKTUR.

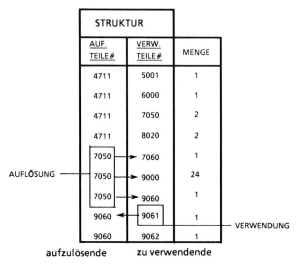

Abb. 6.17. STRUKTUR-Relation einer Stückliste

Wird der Objekttyp TEIL durch den Begriff Atom ersetzt, befindet man sich in der Welt der Chemie. Die Verbindung von verschiedenartigen Atomen zu einem beliebig komplexen Molekül wird strukturmäßig in Form einer Stückliste dargestellt. Diese Betrachtung zeigt abermals deutlich, daß unter Datenmodellierung im wesentlichen die Abstraktion der Wirklichkeit zu verstehen ist. Demnach weisen sämtliche Baupläne chemischer Verbindungen, von den einfachsten anorganischen Zusammensetzungen bis hin zu den höchst komplexen organischen Bausteinen der Erbsubstanz, alle das rekursive Strukturprinzip auf.

6.4.2 Sportliche Datenstrukturen

Datenstrukturen haben selbstverständlich keine sportlichen Eigenschaften, wie die irreführende Überschrift vielleicht vermuten ließe. Es geht in diesem Abschnitt viel mehr darum, Ergebnisse von Mannschaftsspielen, an denen mehrere Mannschaften beteiligt sind, getrennt nach Heim- und Auswärtsspielen in einem geeigneten Datenmodell zu verwalten. Jede Mannschaft spielt gegen jede andere

6.4 Echte Parallelstrukturen

Mannschaft einmal zu Hause und einmal auswärts. Die Resultate aller sportlichen Wettkämpfe werden in Form einer Ergebnismatrix festgehalten. Dies weist schon darauf hin, daß das Datenmodell dieses Anwendungsbereiches zweidimensionale Strukturen erwarten läßt. Jede Mannschaft wird durch den Primärschlüssel MA# identifiziert und besitzt die Attribute NAME und ORT. Von jeder Begegnung ist das Ergebnis und das Datum zu speichern, wobei immer am Ort der Heimmannschaft gespielt wird. Die Elementaraussagen von Abb. 6.18 fassen die Aufgabenstellung tabellarisch zusammen.

ELEMENTAR-AUSSAGEN							
NR	SUBJEKT MENGE	SUBJEKT	PRÄDIKAT	OBJEKT MENGE VON BIS		OBJEKT	VERBUND
1	1	MANNSCHAFT	ERZIELT ZU HAUSE GEGEN	1	N	MANNSCHAFT	RESULTAT DATUM
2	1	MANNSCHAFT	ERZIELT AUSWÄRTS GEGEN	1	M	MANNSCHAFT	RESULTAT DATUM

Abb. 6.18. Elementaraussagen über Mannschaftssport

BEZIEHUNGSTYPEN						
NR. E-Aussage	OBJEKT-TYP A	OBJEKT-TYP B	ZU-ORD-NUNG	BEZIEHUNGSTYP-		
				NAMEN	GRAD	SYMBOL
1	MANNSCHAFT	MANNSCHAFT	1:N	HEIMSPIEL	M:N	←→
2	MANNSCHAFT	MANNSCHAFT	1:M	AUSWÄRTSSPIEL		

Abb. 6.19. Beziehungstyp

Aus der Tatsache, daß Subjekt und Objekt der beiden Elementaraussagen den gleichen Objekttyp MANNSCHAFT enthalten, folgt unmittelbar, daß es sich hierbei um eine rekursive Datenstruktur handelt. Die Rekursivität kommt dadurch zustande, daß Mannschaften als konkrete Objekte des Objekttyps MANNSCHAFT mit anderen Objekten des gleichen Objekttyps MANNSCHAFT in gegenseitigen Beziehungen (Wettstreit) stehen.

Damit ergeben sich analog zu dem Beispiel der Stückliste folgende Relationen:

MANNSCHAFT (MA#, NAME, ORT)
BEGEGNUNG (HEIM.MA#, AUSW.MA#, RESULTAT, DATUM)

Das Attribut HEIM.MA# der Relation BEGEGNUNG enthält die Nummern aller Heimmannschaften, AUSW.MA# beinhaltet die Nummern aller Auswärtsmannschaften. Diese beiden Fremdschlüssel sind im Datenmodell Ursache der echten Parallelstruktur.

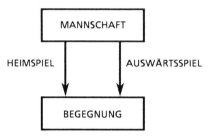

Abb. 6.20. Parallelstruktur

Der hier gewählte Primärschlüssel der Relation BEGEGNUNG schließt aus, daß Mannschaften mehr als zweimal gegeneinander spielen können. Sind beispielsweise auch Entscheidungsspiele möglich, muß der Primärschlüssel z.B. um das Attribut DATUM erweitert werden, wenn 2 Mannschaften an einem Tag nicht mehr als einmal gegeneinander antreten können. Die folgende Ergebnismatrix mit beliebig angenommenen Resultaten von drei Mannschaften soll den Sachverhalt abschließend nochmals verdeutlichen.

		AUSWÄRTS-MANNSCHAFT		
		A	B	C
HEIM-MANN-SCHAFT	A	-	5:1	0:1
	B	3:2	-	1:1
	C	1:2	0:0	-

Abb. 6.21. Ergebnismatrix

Der erste Teil eines Resultats enthält die erzielten Treffer der Heimmannschaft, der zweite Teil enthält die Treffer der Auswärtsmannschaft. Beispielsweise ist die erste Zeile und zweite Spalte der Ergebnismatrix von Abb. 6.21 so zu interpretieren, daß Mannschaft A zu Hause gegen Mannschaft B mit dem Ergebnis 5:1 gewinnt. Abb. 6.22 zeigt die konkreten Zeilen der Relationen MANNSCHAFT und BEGEGNUNG.

MANNSCHAFT		
MA#	NAME	ORT
100	A	A-ORT
200	B	B-ORT
300	C	C-ORT

BEGEGNUNG			
HEIM. MA#	AUSW. MA#	RESULTAT	DATUM
100	200	5:1	6.7.85
100	300	0:1	12.8.85
200	100	3:2	7.7.85
200	300	1:1	5.7.85
300	100	1:2	5.8.85
300	200	0:0	3.8.85

Abb. 6.22. Relationen MANNSCHAFT und BEGEGNUNG

6.4.3 Datenstruktur von Verwandtschaftsbeziehungen

Im Rahmen von Familie und Verwandtschaft stehen Menschen in unterschiedlichsten Beziehungen zueinander. Dieses Grundprinzip unserer menschlichen Gesellschaft und Gemeinschaft dient als jedermann betreffendes und daher verständliches Beispiel aus dem Alltag. Es soll ein Datenmodell erstellt werden, das die realitätsgetreue Abbildung der verschiedenartigen Verwandtschaftverhältnisse von unbegrenzt vielen Personen erlaubt. Zur Erleichterung des allgemeinen Verständnisses dieser Problemstellung wird von konkret angenommenen Verwandtschaftsbeziehungen zwischen 7 Personen, durch die Primärschlüssel P1 bis P7 identifiziert, ausgegangen:

- P1 und P2 haben einen Sohn P5
- P3 und P4 haben eine Tochter P6
- P5 und P6 heiraten und bekommen einen Sohn P7

In der Abb. 6.23 sind sämtliche Personen in Zeilenrichtung und Spaltenrichtung einer Matrix aufgetragen, wobei ein Matrixelement als Schnittpunkt einer konkreten Zeile und Spalte das entsprechende Verwandtschaftsverhältnis der beiden betroffenen Personen enthält. Die Interpretation der Matrix zuerst in Spaltenrichtung führt zur Beziehung aus passiver Sicht („PERSON IST"). Wird hingegen die Matrix zuerst zeilenweise und danach spaltenweise bearbeitet, kommt man zu den Beziehungen aus aktiver Sicht („PERSON HAT").

	P1	P2	P3	P4	P5	P6	P7
P1	-	F	-	-	S	ST	E
P2	M	-	-	-	S	ST	E
P3	-	-	-	F	SS	T	E
P4	-	-	M	-	SS	T	E
P5	V	MU	SV	SM	-	F	S
P6	SV	SM	V	MU	M	-	S
P7	GV	GM	GV	GM	V	MU	-

PERSON IST →
PERSON HAT →

Art der Verwandtschaftsbeziehung:

M	Mann	GV	Großvater
F	Frau	GM	Großmutter
MU	Mutter	SV	Schwiegervater
V	Vater	SM	Schwiegermutter
S	Sohn	SS	Schwiegersohn
T	Tochter	ST	Schwiegertochter
		E	Enkel

Abb. 6.23. Verwandtschaftsbeziehungen

Die erste Zeile und zweite Spalte der Verwandtschaftsmatrix besagt, von der Zeile ausgehend, daß die Person „P1" die Person „P2" zur Frau hat. Wird zuerst von der Spalte „P2" ausgegangen, kommt man zu demselben Ergebnis. Die Person „P2" ist Frau von „P1". Die Möglichkeit der Strukturdarstellung in Form einer Matrix bedingt abermals eine zweidimensionale Datenstruktur innerhalb des Datenmodells. Da beide Matrixdimensionen dem gleichen Objekttyp PERSON zugeordnet sind, handelt es sich um eine rekursive Objektbeziehung mit folgenden Relationen:

PERSON (P#, NAMEN, ...)
VERWANDTSCHAFT (IST.P#, HAT.P#, VERW-GRAD)

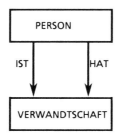

Abb. 6.24. Strukturdiagramm von Verwandtschaftsbeziehungen

Da jede Person mindestens Vater und Mutter haben muß, auch Großeltern etc., dürfen die Pfeile des Strukturdiagramms entsprechend der von uns gewählten Notation keine Nullen enthalten.

Überall dort, wo in unserer Umwelt Menschen mit Menschen in Beziehungen stehen, lassen sich die resultierenden Datenstrukturen durch Stücklisten bzw. echte Parallelstrukturen darstellen. Bezogen auf das hier zugrunde liegende Beispiel heißt dies, daß jeder Stammbaum, so breit und tiefgefächert er auch sei, d.h. in wie viele Jahrhunderte auch immer er zurückgeht, nichts anderes als die konkrete Ausprägung einer Stückliste darstellt. Nach dem Studium dieser Zeilen mag es für den einen oder anderen Leser sicherlich ein erhebendes Gefühl bedeuten, seinen Ehepartner als rekursiv in Beziehung stehendes Objekt zu sehen. Damit scheint ein gewaltiger Schritt in Richtung Abstraktion der Wirklichkeit getan zu sein.

Die fachlichen und hierarchischen Beziehungen von Mitarbeitern eines Unternehmens werden im Rahmen der Organisationsstruktur ebenfalls in Form von Stücklisten abgebildet. Borgen oder schulden z.B. Menschen anderen Menschen Geld, entsteht abermals eine rekursive „Schuldner-Gläubiger-Beziehung".

ELEMENTAR-AUSSAGEN						
NR	SUBJEKT MENGE	SUBJEKT	PRÄDIKAT	OBJEKT MENGE VON BIS		OBJEKT	VERBUND
1	1	PERSON	SCHULDET	0	N	PERSON	BETRAG
2	1	PERSON	BORGT	0	M	PERSON	BETRAG

Abb. 6.25. Elementaraussagen über „Schuldner-Gläubiger-Beziehung"

BEZIEHUNGSTYPEN						
NR. E-Aussage	OBJEKT-TYP A	OBJEKT-TYP B	ZU-ORD-NUNG	BEZIEHUNGSTYP-		
				NAMEN	GRAD	SYMBOL
1	PERSON	PERSON	1:0/N	SCHULDET	M:N	←0─0→
2	PERSON	PERSON	1:0/M	BORGT		

Abb. 6.26. Beziehungstyp

In der Matrix von Abb. 6.27 enthalten die Zeilen die Gläubiger und die Spalten die Schuldner, wobei die finanziellen Beziehungen zwischen 5 konkreten Personen in Betrachtung gezogen werden.

SCHULDNER / GLÄUBIGER	MAX	MORITZ	BOLTE	NOLTE	LAMPEL	HABEN
MAX	-	500	-	-	2500	3000
MORITZ	1000	-	-	-	-	1000
BOLTE	2000	3000	-	-	-	5000
NOLTE	-	4000	-	-	-	4000
LAMPEL	-	-	3000	4000	-	7000
SOLL	3000	7500	3000	4000	2500	

SOLL →

HABEN →

Abb. 6.27. Schuldner-Gläubiger-Beziehung

Wird die Matrix zuerst spaltenweise und dann zeilenweise abgearbeitet, ergibt sich das Soll einer Person. Bei Betrachtung der zweiten Spalte und danach der ersten Zeile kommt man z.B. zu der Aussage, daß Herr „Moritz" Herrn „Max" 500 ÖS schuldet. Wird umgekehrt zuerst die Zeile und danach die Spalte der Matrix interpretiert, erhält man das Guthaben (Haben) einer Person. Bei Betrachtung der ersten Zeile und danach der zweiten Spalte ergibt sich, daß Herr „Max" Herrn „Moritz" 500 ÖS geborgt hat. Die Spaltensumme enthält somit den gesamten Schuldenstand einer Person, die Zeilensumme dagegen das gesamte Guthaben.

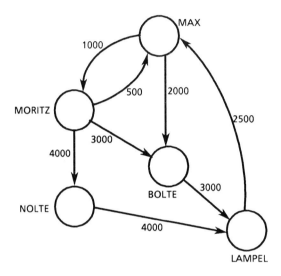

Abb. 6.28. Graphendiagramm

Die Abb. 6.28 zeigt die geschilderten Zusammenhänge in der Darstellungsform eines etwas abgewandelten Graphendiagramms. Da sich 2 Personen wechselseitig Geld borgen können, wie dies z.B. zwischen „Max" und „Moritz" der Fall ist, können zwischen 2 Objekten zu einem Zeitpunkt 2 Beziehungen bestehen. Statt Kanten wurden Pfeile eingeführt, wobei jeweils die Pfeilspitze auf den Gläubiger zeigt und die Zahl neben dem Pfeil das ausstehende Guthaben ausweist.

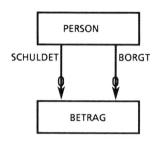

Abb. 6.29. Strukturdiagramm

6.4.4 Datenstruktur eines Data-Dictionarys

Die einzelnen Softwarekomponenten eines EDV-Systems, wie z.B. Programme, Dateien, Datenfelder, Listen etc., sollen in ein geeignetes Datenmodell eingebracht werden. Durch Pflege der zwischen den einzelnen Komponenten bestehenden Verbindungen wird in Form eines Data-Dictionarys ein Referenz- und Verwaltungssystem geschaffen, das innerhalb des Lebenszyklus von EDV-Projekten in den Phasen Planung, Implementierung und Wartung als Steuerungs- und Überwachungsinstrument eingesetzt werden kann. Die Beschreibung aller Komponenten hat formal den gleichen Aufbau und enthält in diesem Beispiel aus Gründen der Übersichtlichkeit nur die eindeutige Komponentenidentifikation (Primärschlüssel KID). Erstellungsdatum und Gültigkeitszeitraum der Komponente, Versionsnummer und Komponentenverantwortlichkeit könnten in einem echten Data-Dictionary Attribute des Objekttyps KOMPONENTE sein. Die Komponenten stehen in vielfältigen Beziehungen zueinander, wobei diesem Beispiel folgende konkreten Beziehungen (Rollen) mit den entsprechenden Abkürzungen zugrunde liegen:

Abkürzung	Bedeutung	
E	Enthält	
R	Ruft	
A	Ausgabe	
EI	Eingabe	
S	Schreibt	⎫
L	Liest	⎬ Bearbeitet (B)
AE	Ändert	⎭

6.4 Echte Parallelstrukturen

Das Strukturbild von Abb. 6.30 soll folgenden, vereinfachten Sachverhalt ausdrücken:

- Das Data-Dictionary beinhaltet die Komponententypen
    - DV-System
    - Programm
    - Modul
    - Maske
    - Liste
    - Datei
    - Satzart
    - Feldgruppe
    - Feld

- Programme rufen Programme und Module auf,
    verkehren mit Bildschirmmasken,
    geben Druckerlisten aus und
    bearbeiten Dateien, Satzarten, Feldgruppen und Felder

- Programmodule rufen Module auf,
    verkehren mit Bildschirmmasken,
    geben Druckerlisten aus und
    bearbeiten Dateien, Satzarten, Feldgruppen und Felder

- Dateien enthalten Satzarten
- Satzarten enthalten Felder und Feldgruppen
- Feldgruppen enthalten Feldgruppen und Felder
- Masken und Listen enthalten Feldgruppen und Felder

Unter Annahme ganz bestimmter EDV-Komponenten (Module MO1 und MO2, Dateien DA1 und DA2 etc.) können die vielfältigen Beziehungen eines konkreten Data-Dictionarys in Form eines Graphendiagrammes (Abb. 6.31) oder einer Matrix (Abb. 6.32) festgehalten und transparent gemacht werden.

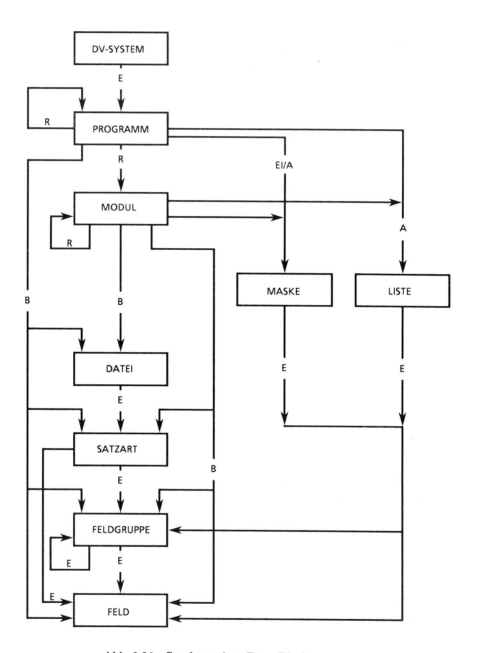

Abb. 6.30. Struktur eines Data-Dictionarys

6.4 Echte Parallelstrukturen

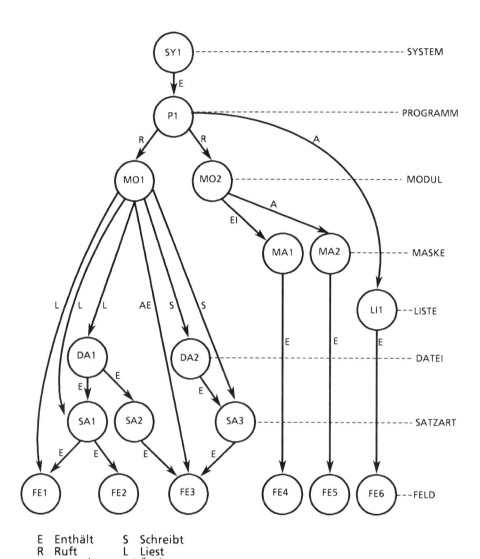

E Enthält S Schreibt
R Ruft L Liest
A Ausgabe AE Ändert
EI Eingabe

Abb. 6.31. Graphendiagramm eines Data-Dictionarys

KOMPONENTE	P1	MO1	MO2	MA1	MA2	LI1	DA1	DA2	SA1	SA2	SA3
P1	-	-	-	-	-	-	-	-	-	-	-
MO1	R	-	-	-	-	-	-	-	-	-	-
MO2	R	-	-	-	-	-	-	-	-	-	-
MA1	-	-	EI	-	-	-	-	-	-	-	-
MA2	-	-	A	-	-	-	-	-	-	-	-
LI1	A	-	-	-	-	-	-	-	-	-	-
DA1	-	L	-	-	-	-	-	-	-	-	-
DA2	-	S	-	-	-	-	-	-	-	-	-
SA1	-	L	-	-	-	-	E	-	-	-	-
SA2	-	-	-	-	-	-	E	-	-	-	-
SA3	-	AE	-	-	-	-	-	E	-	-	-
FE1	-	L	-	-	-	-	-	-	E	-	-
FE2	-	-	-	-	-	-	-	-	E	-	-
FE3	-	S	-	-	-	-	-	-	-	E	E
FE4	-	-	-	E	-	-	-	-	-	-	-
FE5	-	-	-	-	E	-	-	-	-	-	-
FE6	-	-	-	-	-	E	-	-	-	-	-

Columns: PASSIV → ; Rows: AKTIV ↓

Abb. 6.32. Matrix eines Data-Dictionarys

Wird die Matrix zuerst in Spaltenrichtung und danach in Zeilenrichtung interpretiert, erhält man die aktive Rolle der über die Spalte ausgewählten Komponente. Bei Betrachtung der ersten Spalte und der zweiten Zeile der Matrix kann man feststellen, daß das Programm „P1" den Modul „MO1" aufruft. Wird die Tabelle zuerst in Zeilenrichtung und dann in Spaltenrichtung verarbeitet, erhält man die passive Rolle der über die Zeile ausgewählten Komponente. Betrachtet man z.B. die zweite Zeile und danach die erste Spalte, stellt man fest, daß der Modul „MO1" vom Programm „P1" aufgerufen wird. Die Möglichkeit der tabellarischen Darstellung des Problems weist wieder darauf hin, daß die Grundstruktur eines Data-Dictionarys sich in Form einer Stückliste mit den folgenden Relationen aufbaut:

KOMPONENTE (<u>KID</u>, ...)
ROLLE (<u>AKTIV.KID, PASSIV.KID, ROLLKZ</u>, ...)

6.4 Echte Parallelstrukturen   143

Das Attribut ROLLKZ enthält die Art der Komponentenbeziehungen in abgekürzter Form. Da jede Komponente mit 0 bis N anderen Komponenten sowohl in aktiver als auch in passiver Beziehung stehen kann, werden die beiden Pfeile im Strukturdiagramm als Darstellungsform der echten Parallelstruktur mit dem Symbol 0 überlagert.

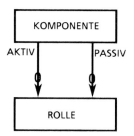

Abb. 6.33. Strukturdiagramm eines Data-Dictionarys

KOMPONENTEN-TYP	PROGRAMM	MODUL	MASKE	LISTE	DATEI	SATZART	FELDGRUPPE	FELD
PROGRAMM	R	-	-	-	-	-	-	-
MODUL	R	R	-	-	-	-	-	-
MASKE	E/A	E/A	-	-	-	-	-	-
LISTE	A	A	-	-	-	-	-	-
DATEI	S/L/AE	S/L/AE	-	-	-	-	-	-
SATZART	S/L/AE	S/L/AE	-	-	E	-	-	-
FELDGRUPPE	S/L/AE	S/L/AE	E	E	-	E	E	-
FELD	S/L/AE	S/L/AE	E	E	-	E	E	-

AKTIV ↓   PASSIV →

E Enthält   S   Schreibt
R Ruft   L   Liest
A Ausgabe   AE Ändert
EI Eingabe

Abb. 6.34. Integritätsmatrix eines Data-Dictionarys

Wie Abb. 6.30 deutlich zeigt, sind zwischen den einzelnen Komponententypen nur bestimmte Beziehungsarten zulässig. Um beim

Abspeichern von Komponenten in ein Data-Dictionary falsche bzw. unmögliche Beziehungen zu unterbinden, ist es natürlich von großem Interesse, Informationen zur Überprüfung der Datenkonsistenz in das Datenmodell einzubringen. Die Tabelle von Abb. 6.34 zeigt die erlaubten Beziehungen zwischen den einzelnen Komponententypen, wobei jedes Matrixelement die erlaubten Rollen der beiden über die entsprechende Spalte und Zeile in Beziehung gesetzten Komponententypen enthält.

Diese Integritätsmatrix ergibt natürlich wieder im Datenmodell eine echte Parallelstruktur mit den Relationen KOMPONENTEN-TYP und ROLLENMÖGLICHKEIT.

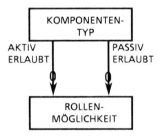

Abb. 6.35. Struktur zur Konsistenzüberwachung

Um jederzeit die Konsistenz eines Data-Dictionarys überprüfen zu können, ist nichts anderes notwendig, als die Struktur von Abb. 6.35 der Struktur von Abb. 6.33 gleichsam als Metastruktur zu überlagern.

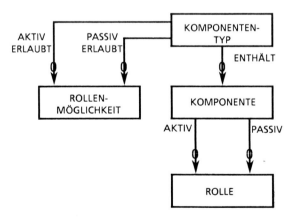

Abb. 6.36. Komplettes Strukturdiagramm eines Data-Dictionarys

6.5 Gemischte Parallelstrukturen

In der realen Welt existieren auch Datenstrukturen, die weder den echten noch den unechten Parallelstrukturen zugeordnet werden können. Dies liegt daran, daß innerhalb eines Beziehungstyps Objekte in mehrfachen Beziehungen mit unterschiedlichen und mit gleichen hierarchisch übergeordneten Objekten stehen können. Ein Beispiel aus der Einwohnerverwaltung mit den folgenden Elementaraussagen soll diesen Sachverhalt verdeutlichen.

ELEMENTAR-AUSSAGEN							
NR	SUBJEKT MENGE	SUBJEKT	PRÄDIKAT	OBJEKT MENGE VON	BIS	OBJEKT	VERBUND
1	1	ORT	HAT	PS		NAMEN NUMMER	
2	1	ORT	WOHNEN	1	N	PERSON	
3	1	ORT	ARBEITEN	1	N	PERSON	
4	1	PERSON	HAT	PS		NAMEN NUMMER WOHNADR. ARBEITSADR.	
5	1	PERSON	WOHNT	1	1	ORT	
6	1	PERSON	ARBEITET	1	1	ORT	

Abb. 6.37. Elementaraussagen

BEZIEHUNGSTYPEN						
NR. E-Aussage	OBJEKT-TYP A	OBJEKT-TYP B	ZU-ORD-NUNG	BEZIEHUNGSTYP-		
				NAMEN	GRAD	SYMBOL
2	ORT	PERSON	1:N	WOHNT	1:N	⟶
5	PERSON	ORT	1:1			
3	ORT	PERSON	1:N	ARBEITET	1:N	⟶
6	PERSON	ORT	1:1			

Abb. 6.38. Beziehungstypen

Die Beschreibung der Miniwelt in Form der Elementaraussagen ist dahingehend zu ergänzen, daß Arbeits- und Wohnort verschieden sein können. Somit ergeben sich folgende Relationen:

A	ORT (<u>ORTS#</u>, NAMEN)	Beschreibung der
B	PERSON (<u>PE#</u>, PE-NAMEN, W-ADR, A-ADR)	Objekttypen
C	WOHNT (<u>PE#</u>, ORTS#)	Beschreibung der
D	ARBEITET (<u>PE#</u>, ORTS#)	Beziehungstypen

Diese Relationen können folgendermaßen aggregiert werden:

| A | ORT (<u>ORTS#</u>, NAMEN) |
| B + C + D | LEBT (<u>PE#</u>, PE-NAMEN, W-ORTS#, W-ADR, A-ORTS#, A-ADR) |

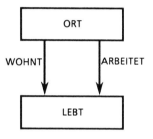

Abb. 6.39. Strukturdiagramm

Die Relation LEBT enthält das Attribut ORTS# zweimal, wobei mit W-ORTS# der Wohnort und mit A-ORTS# der Arbeitsort gemeint ist. Das Strukturbild zeigt eine Parallelstruktur.

Wenn eine Person in dem gleichen Ort wohnt und arbeitet, steht ein Objekt des Objekttyps LEBT in mehrfachen Beziehungen (WOHNT und ARBEITET) mit dem gleichen Objekt des Typs ORT (Wohnort und Arbeitsort). Definitionsgemäß handelt es sich hierbei um eine „unechte Parallelstruktur".

Selbstverständlich kann der Wohn- und Arbeitsort einer Person unterschiedlich sein. In diesem Fall handelt es sich definitionsgemäß um eine „echte Parallelstruktur".

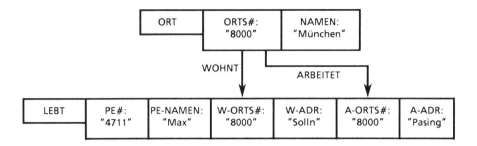

Abb. 6.40. Ausprägungsdiagramm (W-ORTS# = A-ORTS#)

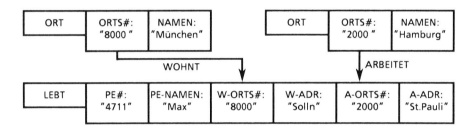

Abb. 6.41. Ausprägungsdiagramm (W-ORTS# ≠ A-ORTS#)

Bei einer gemischten Parallelstruktur kann ein Objekt entweder mit einem (unechte Parallelstruktur) oder mit mehreren (echte Parallelstruktur) hierarchisch übergeordneten Objekten eines Objekttyps in mehrfacher Beziehung stehen. Diese Struktur ist wie eine echte Parallelstruktur zu behandeln.

6.6 Verschmelzen von Objekttypen

Das letzte Beispiel wird derart erweitert, daß eine Person an verschiedenen Wohnorten gemeldet sein kann und Arbeitsverhältnisse gleichzeitig an mehreren Arbeitsorten bestehen können.

Um in der Relation WOHNT zu erkennen, ob es sich um einen Haupt- oder Nebenwohnsitz handelt, muß ein Kennzeichen mit dem Attributnamen W-KZ (Wohn-Kennzeichen) eingeführt werden, das für einen Hauptwohnsitz den Wert „H" und für einen Nebenwohnsitz den Wert „W" annehmen soll.

6. Wichtige Datenstrukturen

ELEMENTAR-AUSSAGEN						
NR	SUBJEKT MENGE	SUBJEKT	PRÄDIKAT	OBJEKT MENGE VON BIS	OBJEKT	VERBUND
1	1	ORT	HAT	PS	NAMEN NUMMER	
2	1	ORT	WOHNEN	1 N	PERSON	
3	1	ORT	ARBEITEN	1 N	PERSON	
4	1	PERSON	HAT	PS	NAMEN NUMMER	
5.1	1	PERSON	HAT HAUPTWOHNSITZ	1 1	ORT	HAUPT-ADRESSE (W-ADR)
5.2	1	PERSON	HAT NEBENWOHNSITZ	0 N	ORT	NEBEN-ADRESSE (W-ADR)
6.1	1	PERSON	HAT AKTUELLES ARBEITSVERHÄLTNIS	0 1	ORT	ARBEITS-ADRESSE (A-ADR) BEGINN-DATUM (A-BEGINN) ENDE-DATUM (A-ENDE)
6.2	1	PERSON	HAT HISTORISCHES ARBEITSVERHÄLTNIS	0 N	ORT	ARBEITS-ADRESSE (A-ADR) BEGINN-DATUM (A-BEGINN) ENDE-DATUM (A-ENDE)

Abb. 6.42. Elementaraussagen

Somit können folgende Relationen aufgestellt werden:

A ORT (ORTS#, NAMEN) Beschreibung der
B PERSON (PE#, PE-NAMEN) Objekttypen
C WOHNT (PE#, ORTS#, W-ADR, W-KZ) Beschreibung der
D ARBEITET (PE#, ORTS#, A-ENDE, A-BEGINN, A-ADR) Beziehungstypen

6.6 Verschmelzen von Objekttypen

BEZIEHUNGSTYPEN						
NR. E-Aussage	OBJEKT-TYP A	OBJEKT-TYP B	ZU-ORD-NUNG	BEZIEHUNGSTYP-		
				NAMEN	GRAD	SYMBOL
2	ORT	PERSON	1:N	WOHNT	M:N	←→
5.1	PERSON	ORT	1:1	HAUPTWOHNSITZ		
5.2	PERSON	ORT	1:0/M	NEBENWOHNSITZ		
3	ORT	PERSON	1:N	ARBEITET	M:N	←0→
6.1	PERSON	ORT	1:0/1	ARBEIT-AKTUELL		
6.2	PERSON	ORT	1:0/M	ARBEIT-HISTORISCH		

Abb. 6.43. Beziehungstypen

Aus dem Primärschlüssel der Relation WOHNT ist die Einschränkung ersichtlich, daß eine Person an einem Ort nur eine Wohnadresse besitzen darf. Durch Definition des Endedatums A-ENDE als Teilschlüssel in der Relation ARBEITET ist es hingegen möglich, daß eine Person an einem Ort mehrere Arbeitsverhältnisse zu allerdings unterschiedlichen Zeitpunkten haben kann. Anders ausgedrückt, kann eine Person an einem Ort nur in einem einzigen aktuellen Arbeitsverhältnis stehen, jedoch mehrere historische Arbeitsverhältnisse zu unterschiedlichen Zeitpunkten besitzen, was in der Regel der Realität entsprechen dürfte.

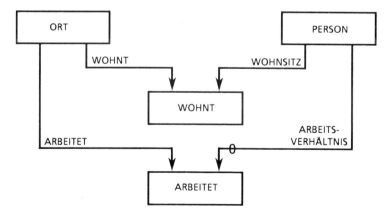

Abb. 6.44. Strukturdiagramm

Wenn es gelingt, die beiden Relationen WOHNT und ARBEITET im Hinblick auf die Attribute zu vereinheitlichen und zu einem Objekttyp zusammenzuführen, kann das Strukturdiagramm von Abb. 6.44 wesentlich vereinfacht werden. In Verfolgung dieses Zieles wird in der Relation WOHNT ein Beginndatum (M-BEGINN) und ein Endedatum (M-ENDE) eingeführt. Durch Definition des Attributes M-ENDE als Teilschlüssel ist es nun auch möglich, daß eine Person an einem Ort mehrmals zu allerdings unterschiedlichen Zeiten gemeldet sein kann (Umzug innerhalb des gleichen Ortes). Die Relation WOHNT besteht aus folgenden Attributen:

WOHNT (PE#, ORTS#, M-ENDE, M-BEGINN, W-ADR, W-KZ)

Bis auf das Attribut W-KZ sind die Relationen WOHNT und ARBEIT formal gleich, inhaltlich sind sie jedoch verschieden. M-BEGINN und A-BEGINN sind beide rein formal Datumsattribute, inhaltlich ist jedoch der Zeitpunkt der behördlichen Anmeldung bzw. der Beginn eines Arbeitsverhältnisses gemeint. Wird dieser inhaltliche Unterschied in dem sich dazu anbietenden Attribut W-KZ festgehalten, steht einer Verschmelzung der Objekttypen WOHNT und ARBEITET zu einem Objekttyp GEMELDET nichts mehr im Wege. In diesem komprimierten Datenmodell kann das Attribut W-KZ folgende Werte annehmen:

W-KZ: H   Hauptwohnsitz
        N   Nebenwohnsitz
        A   Arbeitsverhältnis

Folgende Attribute werden zusammengefaßt:

Alter Attributnamen	Neuer Attributnamen
M-ENDE, A-ENDE	ENDE
M-BEGINN, A-BEGINN	BEGINN
W-ADR, A-ADR	ADR
W-KZ	KZ

Im Rahmen dieses Verschmelzungsprozesses ist der Primärschlüssel der neu entstehenden Ergebnisrelation mit besonderem Augenmerk auf die gestellten Anforderungen hin zu untersuchen. In diesem Beispiel ist innerhalb der Relation GEMELDET das Attribut KZ als

6.6 Verschmelzen von Objekttypen

Teilschlüssel zu definieren, da eine Person gleichzeitig am selben Ort sowohl wohnen als auch arbeiten kann.

- A ORT (ORTS#, NAMEN)
- B PERSON (PE#, PE-NAMEN)
- C GEMELDET (PE#, ORTS#, ENDE, BEGINN, ADR, KZ)

Die Verschmelzung der beiden Objekttypen WOHNT und ARBEITET führt infolge der Reduzierung von vier auf zwei Beziehungstypen zu einer wesentlichen Vereinfachung der Datenstruktur.

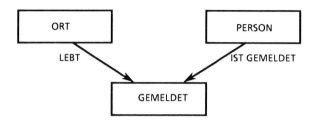

Abb. 6.45. Vereinfachtes Strukturdiagramm

Es sollte immer versucht werden, formal weitgehend übereinstimmende, jedoch inhaltlich unterschiedliche Objekttypen zu einem Objekttyp zu verschmelzen. Die dadurch erzielbare Verringerung der Objekt- und Beziehungstypen führt zu einfacheren und damit besser überschaubaren Datenstrukturen. Folgende Vorgehensweise ist bei der Verschmelzung von Relationen zu beachten:

- durch Definition eines neuen oder Erweiterung eines bestehenden Attributs („Kennzeichen") können die im Rahmen der Verschmelzung formal gleich gemachten Zeilen einer Relation inhaltlich unterschieden werden.
- durch Verschmelzen mehrerer Relationen zu einer Relation können die Primärattribute der ursprünglichen Relation ihre Eindeutigkeit verlieren. Das Primärattribut der verschmolzenen Relation ist genauestens auf Eindeutigkeit zu überprüfen und gegebenenfalls durch Hinzufügen weiterer Teilschlüssel eindeutig zu machen.

6.7 Direkt rekursive Datenstruktur

Die Rekursivität dieser Datenstruktur kommt ebenfalls dadurch zustande, daß Objekte des gleichen Objekttyps untereinander in mehrfachen Beziehungen stehen. Die Eigenschaft „direkt" soll darauf hinweisen, daß, im Gegensatz zur rekursiven Datenstruktur, die Beziehungen ohne Definition eines zusätzlichen Objekttyps aufgebaut werden. Dieser Beziehungs-Objekttyp ist in dieser Datenstruktur deshalb nicht erforderlich, da als Sonderfall der echten Parallelstruktur die Objekte untereinander nur in 1:N-Beziehungen stehen. Die folgenden Elementaraussagen beschreiben ein entsprechendes Anwendungsbeispiel.

ELEMENTAR-AUSSAGEN						
NR	SUBJEKT MENGE	SUBJEKT	PRÄDIKAT	OBJEKT MENGE VON BIS	OBJEKT	VERBUND
1	1	PERSON	BESITZT		NAMEN	
				PS	NUMMER	
2	1	PERSON	IST VORGESETZTER VON	1 N	PERSON	
3	1	PERSON	HAT VORGESETZTEN	1 1	PERSON	

Abb. 6.46. Elementaraussagen

BEZIEHUNGSTYPEN						
NR. E-Aussage	OBJEKT-TYP A	OBJEKT-TYP B	ZU-ORD-NUNG	BEZIEHUNGSTYP-		
				NAMEN	GRAD	SYMBOL
2	PERSON	PERSON	1:N	IST VORGE-SETZTER	1:N	⟶
3	PERSON	PERSON	1:1			

Abb. 6.47. Beziehungstypen

Aus diesen Angaben resultiert eine Relation PERS-STRUKTUR, die gleichermaßen den Objekttyp PERSON beschreibt und den Beziehungstyp IST VORGESETZTER beinhaltet.

PERS-STRUKTUR (PE#, VOR.PE#, NAMEN, ...)

Diese Relation enthält die Personalnummer zweimal, wobei das Attribut PE# die persönliche Personalnummer festhält und das Attribut VOR.PE# die Personalnummer des Vorgesetzten beinhaltet. Definitionsgemäß ist das Attribut VOR.PE# Fremdschlüssel. Dieser Sonderfall, daß dieselbe Relation sowohl den Primärschlüssel als auch den dazu entsprechenden Fremdschlüssel besitzt, führt im Strukturdiagramm zu einer direkten Rückkopplung der Relation durch das Pfeilsymbol als Repräsentant dieses Beziehungstyps.

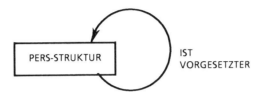

Abb. 6.48. Strukturdiagramm

Unter dem Blickwinkel der Dimension einer Struktur könnte man in diesem Fall auch von einer eindimensionalen Datenstruktur sprechen.

6.8 Zyklische Datenstruktur

ELEMENTAR-AUSSAGEN						
NR	SUBJEKT MENGE	SUBJEKT	PRÄDIKAT	OBJEKT MENGE VON BIS	OBJEKT	VERBUND
1	1	MITARBEITER	LEITET	1 N	ABTEILUNG	
2	1	ABTEILUNG	WIRD GELEITET	1 1	MITARBEITER	
3	1	ABTEILUNG	SIND BESCHÄFTIGT	1 N	MITARBEITER	
4	1	MITARBEITER	IST BESCHÄFTIGT	1 1	ABTEILUNG	

Abb. 6.49. Elementaraussagen

Sind Objekttypen in einem geschlossenen Kreis von Beziehungstypen strukturmäßig angeordnet, spricht man von zyklischer Datenstruktur. Diese eher selten auftretende Datenstruktur soll anhand des Beispiels einer Personaldatenbank veranschaulicht werden.

BEZIEHUNGSTYPEN						
NR. E-Aussage	OBJEKT-TYP A	OBJEKT-TYP B	ZU-ORD-NUNG	BEZIEHUNGSTYP-		
				NAMEN	GRAD	SYMBOL
1	MITARBEITER	ABTEILUNG	1:N	LEITET	1:N	⟶
2	ABTEILUNG	MITARBEITER	1:1			
3	ABTEILUNG	MITARBEITER	1:N	BESCHÄFTIGT	1:N	⟶
4	MITARBEITER	ABTEILUNG	1:1			

Abb. 6.50. Beziehungstypen

Aus der tabellarisch festgehaltenen Aufgabenstellung ergeben sich die folgenden Relationen:

A MITARBEITER (PE#, NAME, ...)
B ABTEILUNG (ABTEILUNGS#, BEZEICHNUNG, ...)
C LEITET (ABTEILUNGS#, PE#)
D BESCHÄFTIGT (PE#, ABTEILUNGS#)

Die Relationen A und B beschreiben die beiden Objekttypen MITARBEITER und ABTEILUNG, wogegen C und D aufgrund der beiden 1:N-Beziehungstypen zu definieren sind. Aggregieren der Relationen führt zu folgendem Ergebnis:

A + D = MITARBEITER (PE#, ABTEILUNGS#, NAME, ...)
B + C = ABTEILUNG (ABTEILUNGS#, BEZEICHNUNG, PE#, ...)

Der Regel, Objekttypen mit landenden Pfeilen im Strukturdiagramm unter jene Objekttypen mit ausgehenden Pfeilen zu zeichnen, kann selbstverständlich bei dieser Strukturart nicht gefolgt werden.

Eine Besonderheit zeigt diese Datenstruktur, wenn man die Art der beiden Beziehungstypen betrachtet. In den Elementaraussagen ist innerhalb der Spalte OBJEKT MENGE festgehalten, daß eine Abteilung von einem Mitarbeiter geleitet werden muß (Aussage 2), und daß ein Mitarbeiter in einer Abteilung beschäftigt sein muß (Aussage 4). Dieser Sachverhalt der sogenannten „Muß-Beziehungen" ist im Strukturdiagramm durch das der BT-Variante entsprechende Pfeilsymbol grafisch dargestellt. Die jedoch dadurch inhärente Integri-

6.8 Zyklische Datenstruktur

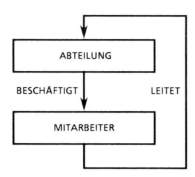

Abb. 6.51. Strukturdiagramm

tätsüberwachung des Datenmodells läßt ein Einspeichern von Daten nicht zu. Wird mit dem Einspeichern von Abteilungsobjekten begonnen, läßt dies das Datenmodell deshalb nicht zu, da entsprechend der Art des Beziehungstyps LEITET ein für diese Abteilung verantwortlicher Mitarbeiter bekannt sein muß. Wird hingegen mit dem Einspeichern der Mitarbeiterobjekte begonnen, so ist auch dies im Rahmen des vorliegenden Datenmodells nicht möglich, da zu jedem Mitarbeiter die entsprechende Abteilung, in der er beschäftigt ist, bekannt sein muß. Somit beißt sich die Katze in den Schwanz und in einer Art „Dead-lock-Situation" ist das Laden einer derart strukturierten Datenbank unmöglich. Abhilfe dieser unakzeptablen Situation bringt nur die Änderung der Beziehungsart eines der beiden Beziehungstypen in eine „Kann-Beziehung". Das bedeutet, daß die Abbildung der Miniwelt bewußt im Datenmodell verfälscht werden muß, um ein sinnvolles Arbeiten mit dem Datenmodell überhaupt gewährleisten zu können.

Die beiden Strukturvarianten von Abb. 6.52 sind gleichwertig. Bei der links angeordneten Datenstruktur ist das Laden der Datenbank mit den Objekten des Typs MITARBEITER zu beginnen, da die BT-Variante des Beziehungstyps BESCHÄFTIGT Mitarbeiter ohne Abteilungen zuläßt. In der rechts dargestellten Datenstruktur sind zuerst die Objekte des Typs ABTEILUNG einzuspeichern, da der Beziehungstyp LEITET Abteilungen ohne Abteilungsleiter zuläßt. In einer zyklischen Datenstruktur muß daher mindestens ein Beziehungstyp von der Art „Kann-Beziehung" sein. Dabei sollte jener Beziehungstyp ausgewählt werden, dessen Integritätsanforderungen in der Miniwelt die geringste Rolle spielen.

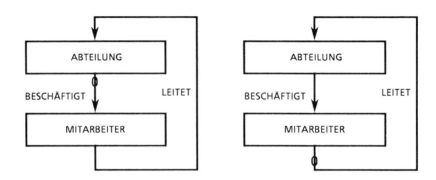

Abb. 6.52. Varianten zyklischer Datenstrukturen

6.9 Klassifizierung von Datenstrukturen

Zum Abschluß dieses Kapitels soll der Versuch unternommen werden, die zweidimensionalen Datenstrukturen unter einem gesamtheitlichen Blickwinkel zu betrachten. Dabei sollen Klassifizierungs- bzw. Unterscheidungsmerkmale gefunden werden, die die Einordnung bzw. Unterscheidung von Datenstrukturen erleichtern und damit insgesamt die Transparenz des Designprozesses erhöhen.

Jede zweidimensionale Datenstruktur ist dadurch gekennzeichnet, daß der Beziehungs-Objekttyp zwei Fremdschlüssel enthält. Die folgenden Betrachtungen gehen von der Menge der möglichen Schlüsselpaare aus und konzentrieren sich

- auf die Elemente, die jeweils ein Schlüsselpaar bilden, und
- auf die unterschiedlichen Werte dieser Schlüsselpaare

Es entstehen immer dann Netzstrukturen, wenn sich jedes Schlüsselpaar aus zwei unterschiedlichen Elementen zusammensetzt, d.h. die Fremdschlüssel von zwei unterschiedlichen Objekttypen enthält. Können darüber hinaus die Werte der Schlüsselpaare unbegrenzt untereinander differieren, liegt eine echte Netzstruktur, die allgemeinste zweidimensionale Datenstruktur, vor. Dieser Sachverhalt wird in Form eines Struktur-, Ausprägungs- und Mengendiagramms in der Abb. 6.53 verdeutlicht. Für die Relationen werden folgende Primärschlüssel angenommen:

6.9 Klassifizierung von Datenstrukturen

DOZENT: D# (Nummer des Dozenten, z.B. „D1")
HÖRER: H# (Nummer des Hörers, z.B. „H1")
KURS: K# (Nummer des Kurses, z.B. „K1")

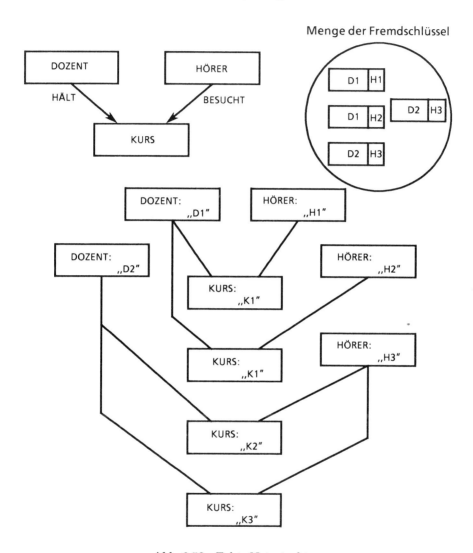

Abb. 6.53. Echte Netzstruktur

Wie das Mengendiagramm zeigt, können sich die Schlüsselpaare in den Werten beider, nur einer, oder überhaupt keiner Schlüsselkomponente unterscheiden, wenn entsprechend diesem Beispiel ein Dozent denselben Hörer in unterschiedlichen Kursen unterrichten kann.

Eine degenerierte Netzstruktur liegt dann vor, wenn die Werte der Schlüsselpaare nicht unbegrenzt untereinander differieren können. Diesen Sonderfall einer Netzstruktur soll das folgende Beispiel veranschaulichen. Ein Datenmodell für ein Auftrags- und Abrechnungs-System umfaßt die Objekttypen KUNDE, AUFTRAG und KONTO. Ein Kunde kann mehrere Aufträge bestellen, die alle immer auf ein Kundenkonto verbucht werden. Die Abb. 6.54 zeigt diese Problemstellung wieder in Form eines Struktur-, Ausprägungs- und Mengendiagramms. Für die entsprechenden Relationen werden folgende Primärschlüssel angenommen:

KUNDE: K# (Nummer des Kunden, z.B. „K1")
AUFTRAG: A# (Nummer des Auftrages, z.B. „A1")
KONTO: KTO# (Nummer des Kontos, z.B. „KTO1")

Aus dem Mengendiagramm der Fremdschlüsselpaare ist zu entnehmen, daß sich die Schlüsselpaare entweder nur in den Werten beider, oder überhaupt keiner Schlüsselkomponenten unterscheiden können. Die zwischen den Objekttypen KUNDE und KONTO bestehende 1:1-Beziehung ist Ursache dafür, daß die vorliegende Struktur einen ausgesprochenen Sonderfall darstellt. Werden diese beiden Objekttypen miteinander zu einem Objekttyp verschmolzen, wogegen überhaupt nichts einzuwenden ist, dann entsteht aus der degenerierten Netzstruktur eine unechte Parallelstruktur. Wie bereits ausgeführt, sollte diese Struktur anschließend auf einen Beziehungstyp reduziert werden.

Parallelstrukturen, die ebenfalls als Sonderfall einer Netzstruktur aufgefaßt werden können, entstehen immer dann, wenn sich jedes Schlüsselpaar aus zwei gleichen Elementen zusammensetzt, d.h. die Fremdschlüssel von nur einem Objekttyp enthält. Können darüber hinaus die Werte der Schlüsselpaare unbegrenzt untereinander differieren, liegt eine echte Parallelstruktur vor. Auch dieser Fall soll anhand eines Beispiels veranschaulicht werden. Ausgehend von der Datenstruktur der Abb. 6.53 werden die beiden Objekttypen DOZENT und HÖRER zu einem Objekttyp PERSON zusammengefaßt. Folgende Primärschlüssel werden angenommen:

PERSON: P# (Nummer des Dozenten oder Hörers, z.B. „P1")
KURS: K# (Nummer des Kurses, z.B. „K1")
Die Schlüsselpaare können sich in den Werten beider, nur einer,

6.9 Klassifizierung von Datenstrukturen

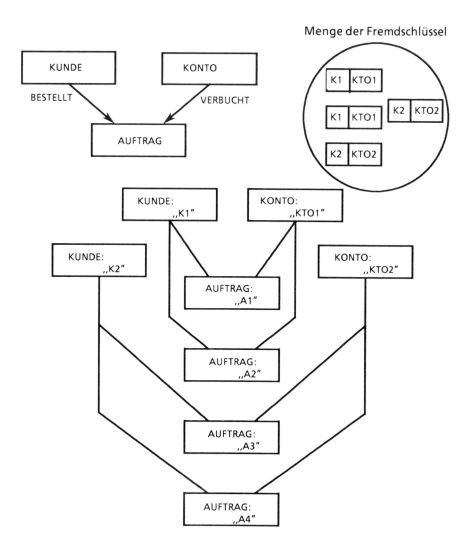

Abb. 6.54. Degenerierte Netzstruktur

oder überhaupt keiner Schlüsselkomponenten unterscheiden.

Können hingegen die Schlüsselpaare nicht unbegrenzt untereinander differieren, liegt als Sonderfall eine unechte Parallelstruktur vor. Das diesem Fall zugrunde gelegte Beispiel umfaßt die beiden Objekttypen KUNDE und AUFTRAG, wobei zwischen diesen beiden Objekttypen die Beziehungstypen BESTELLT und VERRECHNET bestehen. Die an einen Kunden gelieferten Aufträge können immer nur demselben Kunden in Rechnung gestellt werden.

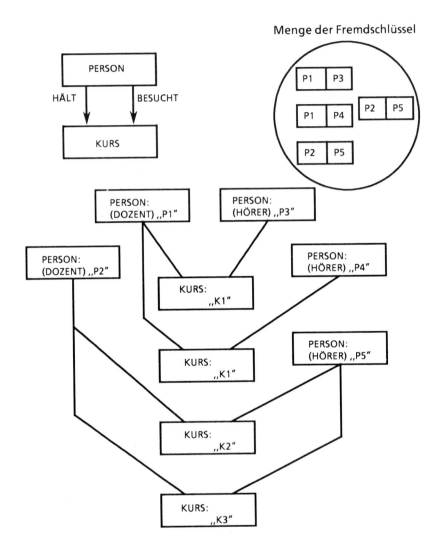

Abb. 6.55. Echte Parallelstruktur

Aus dem Mengendiagramm der Fremdschlüsselpaare ist zu entnehmen, daß sich die Schlüsselpaare entweder nur in den Werten beider oder überhaupt keiner Schlüsselkomponente unterscheiden können bzw. immer paarweise idente Werte enthalten.

Diese vier möglichen Klassen von zweidimensionalen Datenstrukturen sind in der folgenden Tabelle nochmals gegenübergestellt. Die beiden Klassifizierungsmerkmale Fremdschlüsselele-

6.9 Klassifizierung von Datenstrukturen

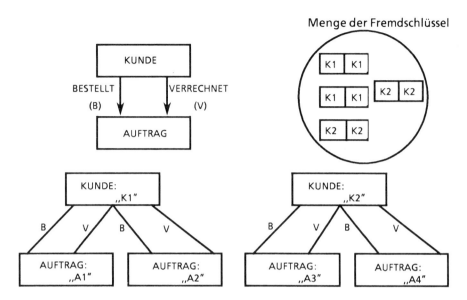

Abb. 6.56. Unechte Parallelstruktur

mente und Fremdschlüsselwerte bilden die Spalten- und Zeilendimension der Matrix.

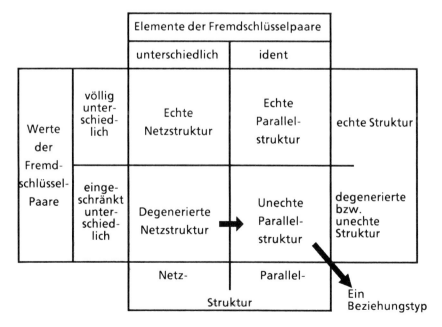

Abb. 6.57. Klassen zweidimensionaler Strukturen

Die Pfeile in der Abb. 6.57 deuten an, daß degenerierte Netzstrukturen in unechte Parallelstrukturen umzuwandeln sind, die anschließend auf einen Beziehungstyp zu reduzieren sind. Degenerierte und unechte Datenstrukturen sollten somit in einem konzeptionellen Datenmodell nicht vorkommen.

7. Mehrdimensionale Datenstrukturen

Im letzten Kapitel wurde anhand des Beispiels einer zweidimensionalen Datenstruktur der Begriff der Strukturdimension eingeführt. Eine zweidimensionale Datenstruktur liegt dann vor, wenn zwischen zwei oder drei Objekttypen *zwei* unterschiedliche Beziehungstypen existieren. In diesem Kapitel soll gezeigt werden, daß Datenstrukturen beliebige Dimensionen aufweisen können und keinerlei dimensionsmäßigen Einschränkungen unterworfen sind.

Ganz allgemein kann festgelegt werden, daß die Anzahl der zwischen mindestens zwei Objekttypen bestehenden Beziehungstypen die Dimension der Datenstruktur bestimmt.

Im Hinblick auf die praktische Bedeutung mehrdimensionaler Datenstrukturen ist festzustellen, daß mit steigender Dimensionszahl das Auftreten solcher Strukturen drastisch zurückgeht. Schon dreidimensionale Datenstrukturen sind relativ selten und werden in der Literatur kaum mehr behandelt [2]. Dennoch scheint es sinnvoll, im Hinblick auf ein Gesamtverständnis der Strukturmöglichkeiten und eine Erweiterung der bisher behandelten Methoden und Verfahren, diese Verallgemeinerung der Datenstrukturen weiter zu verfolgen. Die ersten Probleme ergeben sich durch das Formular „Elementaraussagen", da bisher im Rahmen der Spalten SUBJEKT und OBJEKT nur zwei Objekttypen festgehalten werden können. Um auch mehrdimensionale Strukturen mit diesem Formular zu beschreiben, wird vorgeschlagen, die weiteren gleichzeitig in Beziehung stehenden Objekttypen in der Spalte OBJEKT einzutragen. Diese Vorgangsweise vermeidet die weitere Definition von Spalten, wodurch das Formular unabhängig von der Strukturdimension eine konstante Breite aufweist. Dieser, vielleicht ein wenig verwirrende, Sachverhalt soll wieder durch ein allgemein verständliches Beispiel verdeutlicht werden.

Die Planungen einer Konzertagentur sind durch eine Datenbank zu unterstützen, wobei die Objekttypen DIRIGENT, ORCHESTER und WERK abzuspeichern sind. Die Beziehungen zwischen diesen drei Objekttypen sind dergestalt, daß immer ein bestimmtes Werk unter Leitung eines Dirigenten und unter Mitwirkung eines Orchesters zur Aufführung kommt. Es handelt sich folglich um eine dreidimensionale Datenstruktur, da die Objekttypen DIRIGENT, WERK und

ORCHESTER über drei Beziehungstypen miteinander verbunden sind, wobei AUFFÜHRUNG den resultierenden Beziehungs-Objekttyp bildet. Das Beispiel soll noch dahingehend erweitert werden, daß jeder Dirigent und jedes Orchester nur ein bestimmtes Repertoire an Werken hat. Eine Aufführung kann natürlich nur dann zustande kommen, wenn das aufzuführende Werk sich gleichzeitig im Repertoire des Dirigenten und des Orchesters befindet. Nach Möglichkeit sollten diese Integritätsbedingungen vom Datenmodell sichergestellt werden.

ELEMENTAR-AUSSAGEN						
NR	SUBJEKT MENGE	SUBJEKT	PRÄDIKAT	OBJEKT MENGE VON BIS	OBJEKT	VERBUND
1	1	DIRIGENT	HAT REPERTOIRE VON	1 N	WERK	
2	1	WERK	IST IM REPERTOIRE VON	1 M	DIRIGENT	D-REPERT.
3	1	ORCHESTER	HAT REPERTOIRE VON	1 N	WERK	
4	1	WERK	IST IM REPERTOIRE VON	1 M	ORCHESTER	O-REPERT.
5	1	DIRIGENT	LEITET IN	1 N	ORCHESTER WERK	AUFFÜHR.
6	1	ORCHESTER	WIRD GELEITET VON IN	1 M	DIRIGENT WERK	AUFFÜHR.
7	1	DIRIGENT	DIRIGIERT MIT IN	1 P	WERK ORCHESTER	AUFFÜHR.
8	1	WERK	WIRD DIRIGIERT VON MIT IN	1 O	DIRIGENT ORCHESTER	AUFFÜHR.
9	1	ORCHESTER	FÜHRT AUF MIT IN	1 S	WERK DIRIGENT	AUFFÜHR.
10	1	WERK	WIRD AUFGEFÜHRT VON MIT IN	1 R	ORCHESTER DIRIGENT	AUFFÜHR.

Abb. 7.1. Elementaraussagen

7. Mehrdimensionale Datenstrukturen

Folgende Primärschlüssel werden angenommen:

DIRIGENT: D# (Nummer des Dirigenten)
ORCHESTER: O# (Nummer des Orchesters)
WERK: W# (Nummer des Werkes)
AUFFÜHRUNG: A# (Nummer der Aufführung)

Entsprechend den 6 möglichen Kombinationen der drei Objekttypen DIRIGENT, ORCHESTER und WERK beschreiben die Elementaraussagen 5 bis 10 die möglichen Beziehungen zwischen diesen Objekttypen. Diese Art der Beschreibung der Aufgabenstellung führt zu erhöhtem Schreibaufwand und zu einer unübersichtlichen, eher verwirrenden Darstellung. Es ist nicht notwendig, alle kombinatorisch möglichen Elementaraussagen festzuhalten, sondern es reichen zwei zueinander passende paarige Aussagen aus. Beispielsweise beschreiben die Aussagen 5 und 6 einen Beziehungstyp vom Grad M:N zwischen den beiden Objekttypen DIRIGENT und ORCHESTER mit AUFFÜHRUNG als Beziehungs-Objekttyp. Die Attribute des Objekttyps WERK können zunächst gedanklich innerhalb des Objekttyps AUFFÜHRUNG untergebracht werden, sodaß folgende bekannte zweidimensionale Struktur entsteht.

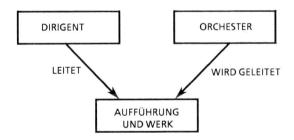

Abb. 7.2. Zweidimensionale Struktur

In einem nächsten Schritt muß man nun im Hinblick auf die Verletzung der dritten Normalform alle sich auf ein Werk beziehenden Attribute in eine eigene Relation WERK herausziehen, sodaß die dreidimensionale Struktur von Abb. 7.3 entsteht.

Ausgehend von den beiden anderen paarigen Aussagen 7 und 8 bzw. 9 und 10 wäre man zum selben Ergebnis gekommen, sodaß tatsächlich in den Elementaraussagen ein beliebiges, jedoch zueinander passendes Paar von Aussagen genügt.

Abb. 7.3. Dreidimensionale Datenstruktur

BEZIEHUNGSTYPEN						
NR. E-Aus-sage	OBJEKT-TYP A	OBJEKT-TYP B	ZU-ORD-NUNG	BEZIEHUNGSTYP-		
				NAMEN	GRAD	SYMBOL
1	DIRIGENT	WERK	1:N		M:N	←→
2	WERK	DIRIGENT	1:M	IST IM REPERTOIRE		
3	ORCHESTER	WERK	1:N		M:N	←→
4	WERK	ORCHESTER	1:M	IST IM REPERTOIRE		
5	DIRIGENT	ORCHESTER WERK	1:N 1:O	LEITET WIRD AUFGEFÜHRT	M:N:O	↔↓
6	ORCHESTER	DIRIGENT WERK	1:M 1:O	WIRD GELEITET WIRD AUFGEFÜHRT		

Abb. 7.4. Beziehungstypen

Die Ausprägungen der dreidimensionalen Datenstruktur lassen sich grafisch in Form einer räumlichen Matrix darstellen, wobei die drei Achsen den Objekttypen DIRIGENT, WERK und ORCHESTER entsprechen, und ein Matrixelement eine ganz bestimmte AUFFÜHRUNG kennzeichnet, wie dies in Abb. 7.5 dargestellt ist.

Es ist durchaus möglich, daß sich zwei oder sogar drei Objekttypen in einer geringen Anzahl von Attributen unterscheiden, und möglicherweise unter Bildung von Sub-Objekttypen zu einem Objekttyp aggregiert werden können, sodaß in der Ausprägungsmatrix zwei bzw. drei Achsen dem gleichen Objekttyp entsprechen. Das Strukturdiagramm von Abb. 7.6 basiert auf der Annahme, daß die beiden Objekttypen DIRIGENT und ORCHESTER bis auf die im Sub-Objekttyp SUB-DIRIGENT zusammengefaßten Attribute ident sind.

7. Mehrdimensionale Datenstrukturen   167

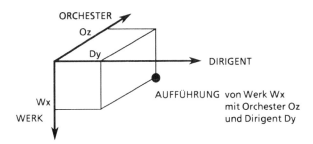

Abb. 7.5. Dreidimensionale Ausprägungsmatrix

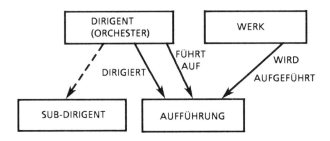

Abb. 7.6. Dreidimensionale Datenstruktur
(teilweise rekursiv)

Unter Berücksichtigung der Elementaraussagen 1 bis 4 ergibt sich die folgende Datenstruktur, wobei die beiden Objekttypen D-REPERTOIRE und O-REPERTOIRE als Beziehungs-Objekttypen gemäß dem Naturgesetz der Datenstrukturierung in das Modell von Abb. 7.3 eingefügt werden.

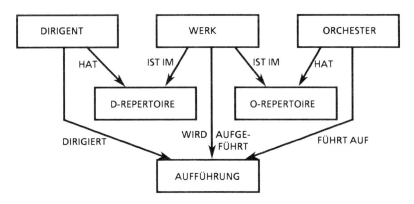

Abb. 7.7. Gesamtstruktur

Bei Untersuchung der Datenstruktur von Abb. 7.7 stellt sich heraus, daß diese den Integritätsanforderungen der Aufgabenstellung nicht genügt. Es ist in diesem Datenmodell durchaus möglich, daß Werke von Dirigenten dirigiert werden sollen, die dieser nicht in seinem Repertoire hat. Umgekehrt ist es ebenfalls möglich, daß ein Orchester Werke zur Aufführung bringen soll, die sich ebenfalls nicht in dessen Repertoire befinden. Um den geforderten Integritätsansprüchen zu genügen, sind die drei Beziehungstypen DIRIGIERT, WIRD AUFGEFÜHRT und FÜHRT AUF durch zwei Beziehungstypen zwischen AUFFÜHRUNG und D-REPERTOIRE bzw. O-REPERTOIRE zu ersetzen. Dann sind mit dem Objekttyp AUFFÜHRUNG nur mehr Beziehungs-Objekte verbunden, die sich im Repertoire des Dirigenten bzw. des Orchesters befinden. In den folgenden Ausführungen soll kurz eine methodische Vorgehensweise zur Erstellung eines solchen mehrdimensionalen Datenmodells skizziert werden, wobei sich folgende Schritte ergeben:

1. Bestimmen der Objekttypen je Strukturstufe
1.1 Objekttypen der Strukturstufe 0 (Basis-Objekttypen)
  A DIRIGENT ($\underline{D\#}$, D-NAME, ...)
  B WERK ($\underline{W\#}$, W-NAME, ...)
  C ORCHESTER ($\underline{O\#}$, O-NAME, ...)
1.2 Objekttypen der Strukturstufe 1
  D D-REPERTOIRE ($\underline{D\#, W\#}$)   Zeilen 1 und 2 von Abb. 7.4
  E O-REPERTOIRE ($\underline{O\#, W\#}$)   Zeilen 3 und 4 von Abb. 7.4
1.3 Objekttypen der Strukturstufe 2
  F AUFFÜHRUNG ($\underline{D\#, W\#, O\#}$, A-DATUM, ...)
           Zeilen 5 und 6 von Abb. 7.4
2. Beginnend bei der Strukturstufe 0 wird Relation für Relation ermittelt, ob deren Primärschlüssel in den Relationen der nächsthöheren Stufe vorkommt, d.h. dort Fremdschlüssel ist. Ist dies der Fall, braucht die Prüfung in den weiteren Strukturstufen nicht mehr fortgesetzt zu werden, d.h. bezogen auf den zu untersuchenden Primärschlüssel kommen keine weiteren Beziehungstypen mehr hinzu.

In der folgenden Tabelle werden die Primärschlüssel der Stufe 0 untersucht. Da alle drei Primärschlüssel in den Relationen der darüberliegenden Strukturstufe 1 Fremdschlüssel sind, brauchen die

Relationen der Stufe 2 nicht mehr weiter auf Fremdschlüssel untersucht zu werden.

Stufe 0:

PRIMÄR-SCHLÜSSEL	AUS RELATION	KOMMT VOR IN RELATION	BEZIEHUNGSTYP RELATION ---> RELATION
D#	A	D	A ---> D
W#	B	D	B ---> D
W#	B	E	B ---> E
O#	C	E	C ---> E

Die folgende Tabelle zeigt die Untersuchungsergebnisse der Primärschlüssel der nächsthöheren Stufe 1:

Stufe 1:

PRIMÄR-SCHLÜSSEL	AUS RELATION	KOMMT VOR IN RELATION	BEZIEHUNGSTYP RELATION ---> RELATION
D#, W#	D	F	D ---> F
O#, W#	E	F	E ---> F

Durch dieses methodische Vorgehen erhält man ein Datenmodell, das den gestellten Integritätsbedingungen genügt. Das entsprechende Strukturdiagramm ergibt sich, wenn die vierten Spalten der beiden letzten Tabellen grafisch umgesetzt werden.

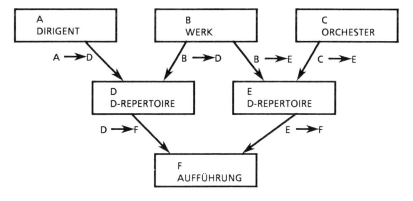

Abb. 7.8. Strukturmodell mit verbesserter Datenintegrität

Unter dem Objekttyp AUFFÜHRUNG wird in diesem Beispiel die Präsentation eines konkreten Werkes unter Leitung eines Dirigenten und unter Mitwirkung eines bestimmten Orchesters verstanden. Im allgemeinen ist es jedoch so, daß im Rahmen eines Konzertes mehrere Werke zur Aufführung gelangen. Strukturmäßig bedeutet dies, daß ein vierter Objekttyp KONZERT mit den Attributen Nummer, Ort und Datum des Konzertes zu definieren und über einen Beziehungstyp mit dem hierarchisch untergeordneten Objekttyp AUFFÜHRUNG in Beziehung zu setzen ist. Damit entsteht eine vierdimensionale Datenstruktur.

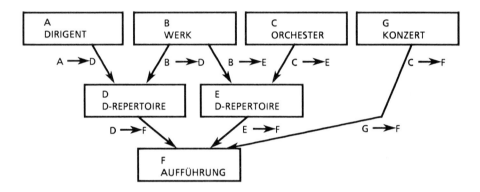

Abb. 7.9. Vierdimensionale Datenstruktur

Literaturverzeichnis

[1] **C.J.Date**;1986
   An Introduction to Database Systems
   Addison-Wesley, Reading

[2] **D.R. Howe**; 1985
   Data Analysis for Data Base Design
   Edward Arnold, London

[3] **M. Vetter**; 1982
   Aufbau betrieblicher Informationssysteme
   B.G. Teubner, Stuttgart

[4] **H. Wedekind**; 1974
   Datenbanksysteme I + II
   B.I.-Wissenschaftsverlag, Mannheim

[5] **Vinek/Rennert/Tjoa**; 1982
   Datenmodellierung
   Physica-Verlag, Würzburg-Wien

[6] **J. Niedereichholz**; 1979
   Datenbanksysteme Aufbau und Einsatz
   Physica-Verlag, Würzburg-Wien

[7] **J.Martin**; 1984
   Recommended Diagramming Standards
   Savant, Carnforth

[8] **C.A. Zehnder**; 1985
   Informationssysteme und Datenbanken
   B.G. Teubner, Stuttgart

Sachverzeichnis

Aggregierung 92, 104
Aggregierungsprozeß 103, 118
Änderungs-Anomalie 55, 66, 69
Anomalie 52 – 53, 55, 57, 63, 72, 74 – 76
Attribut 19 f
Attributkatalog 24
Attributkombination 62, 67, 76
Attributname 20 f
Attributzuordnung 81 – 82
Aufspalten 19, 27, 51, 58, 6
Ausprägung 18, 34, 35, 70, 166
Ausprägungsdiagramm 100, 120, 123, 124, 147
Ausprägungsmatrix 167, 166

Basis-Objekttyp 168
Baumstruktur 115 – 11
Benutzersicht 45 – 46
Beziehung 14 f
Beziehungsart 30 – 32, 143, 155
Beziehungsattribut 33, 88 – 89, 127
Beziehungsgrad 34, 36
Beziehungsmenge 32 – 33
Beziehungs-Objekttyp 38, 41, 86, 152, 156, 164 – 165, 167
Beziehungs-Relation 41
Beziehungsrichtung 40
Beziehungstyp 32 f
Beziehungstyp-Matrix 33 – 34, 36, 38, 40
Beziehungstyp-Pfad 98, 107
Beziehungstyp-Symbol 98
Beziehungstyp-Variante 83, 86
bottom-up 46 – 49, 77

Data-Dictionary 21, 138 – 144
Datenbank 1 f

Datenbank-Administrator 40
Datenbankdesign 47
Datenbank-Designer 80
Datenbank-Designprozeß 16
Datenbankentwurf 6, 45 – 46, 77, 93
Datenbank-Entwurfsprozeß 82
Datenbankmodellierung 79, 115
Datenbankschema 87
Datenbanksystem 28 – 29, 44 – 45, 100 – 101, 122
Datenbasis 1, 19, 43
Datenbestand 5, 77
Datenbeziehung 48
Datendesign 49
Datendrehscheibe 9
Datenelement 46
Datenfeld 46, 139
Datenhaltung 13
Datenhaltungssystem 26
Datenintegrität 169
Datenkonsistenz 144
Datenmenge 46
Datenmodell 17 f
Datenmodellierung 18, 43, 48, 75, 80, 130
Datenredundanz 75 – 76
Datenstruktur 6 f
Datenstrukturierung 36, 111, 122, 125, 167
Datenzugriff 76
Design 18, 32, 75, 92, 96, 110
Designprinzip 51
Designprozeß 17, 34, 47, 55, 95, 97, 110, 156
Designvorgang 44, 46
Determinante 56, 66 – 68, 70, 72, 75
Dimension 40, 153, 163

Sachverzeichnis

Eigenschaft 1 f
Eigenschaftswert 20
Elementaraussage 20 f
Elementarrelation 92–93
Entity 18
Entwurf 6, 40, 43, 75
Entwurfsebene 77
Entwurfsprozeß 32, 40, 50, 75, 77–78, 87
Entwurfsschritt 44, 79
Entwurfsvorgang 40
Ergebnisrelation 58, 62, 75, 79, 92, 104, 112, 150

Feld 50, 139–141, 143
Feldgruppe 139–140
Fremdschlüssel 58 f
Fremdschlüsselelement 160
Fremdschlüsselpaar 158, 160–161
Fremdschlüsselwert 161

Gesamtschlüssel 57, 75

Hierarchiestufen 79, 125
hierarchisch 115, 120, 123–124, 135, 145, 147, 170

Informationsanalyse 45
Informationsmodell 46
Informationsobjekt 46–47, 113
Informationsstruktur 81
Informationsstruktur-Analyse 17, 46, 80
Inkonsistenz 53, 55, 60, 75, 100, 121
Integritätsanforderung 155, 168
Integritätsanspruch 168
Integritätsbedingung 164, 169
Integritätsmatrix 143–144
Integritätsüberwachung 154
Integritätsverletzung 110

Kann-Beziehung 109–110, 155
klassifizierend 26–27
Klassifizierung 156
Klassifizierungsmerkmal 160
Konsistenz 76, 144
Konsistenzüberwachung 144

Löschanomalie 55

Matrix 32–33, 83, 126–128, 134–137, 139, 142, 161, 166
Matrixdarstellung 127
Matrixdimensionen 126–127, 135
Matrixelement 126–127, 134, 144, 166
Matrixzeile 33
Maximalkonzept 94
Metastruktur 144
Modell 9 f
Modellierungsprozeß 42, 76, 103
Modellierungsschritt 123
Muß-Beziehungen 154

Naturgesetz 36, 111, 122, 167
Netzwerk 15
Normalform 22, 53–54, 57–58, 60, 62–64, 66–67, 71, 75, 165
Normalisieren 50–51, 57, 61, 66, 75
Normalisierung 52–53, 58, 60–62, 75, 79, 92, 104
Normalisierungskriterium 62, 67, 71, 75–77, 87, 92, 99, 103–104
Normalisierungslehre 56, 61
Normalisierungsprozeß 54, 57–58, 60–61, 63, 66, 105
Normalisierungsregel 46, 51, 71, 75–76, 79, 91–92, 96, 99, 104
Normalisierungsschritt 79
Normalisierungsstufe 76
Notation 28, 33, 74, 108, 135

Objekt 17 f
Objektattribut 21
Objektbeziehung 32, 82, 125, 127, 135
Objektdefinition 81
Objekteigenschaft 18–19, 22–23, 26, 93–94
Objektmenge 31–33, 37–38, 82, 87
Objekttyp 17 f

Parallelstruktur 116 f
Primärattribut 151
Primärschlüssel 24 f
Primärschlüssel-Attribut 82
Primärschlüsselvereinbarung 24
Primärschlüsselwert 41
Projektion 16, 72, 75–76

redundant 69, 107, 113
Redundanz 50–51, 66, 69, 74, 98–99, 108
redundanzfrei 44
reduzieren 34, 51, 110, 120, 162
reduziert 21, 57, 60–61, 64, 100, 112, 121, 158
Reduzierung 63, 107, 124, 151
rekursiv 124, 135, 167
Rekursivität 131, 152
Relation 40 f
relationship 32
Relationsname 79
Restrelation 64, 104

Satzart 139–141, 143
Schema 29 f
Schlüsselattribut 72
Schlüsselkandidat 25, 27, 61–62, 64–68, 70, 75
Schlüsselkomponente 157–159, 160
Schlüsselpaar 156–160

Schlüsselteil 69, 75
Speicheranomalie 53–54, 58, 60
Speicherstruktur 77
Statusattribut 120, 122
Struktur 14 f
Strukturänderung 121
Strukturbestandteil 92
Strukturbeziehung 127
Strukturbild 37, 99, 113, 139, 146
Strukturdarstellung 135
Strukturdiagramm 21 f
Strukturdimension 163
Strukturebene 45
Strukturelement 32, 45, 47, 109–110, 114
Strukturkomplex 47
Strukturkomponente 44
Strukturmodell 169
Strukturpfad 98, 109–110, 113
Strukturprinzip 130
Strukturstufe 109–110, 168
Strukturvariante 50, 155
Subjekt 80 f
Sub-Objekt 29
Sub-Objekttyp 27–29, 41, 166
Subsystem 14

Tabelle 7 f
Tabellenform 40, 92–93
Tabellenzeile 41, 71–72, 76
Teilrelation 79, 92
Teilschlüssel 25, 57–58, 67–68, 70, 89–90, 149, 150–151
Teilschlüssel-Attribut 82
top-down 48, 77
Top-down-Ansatz 47, 49
Top-down-Modell 47
Transformation 45, 54, 63
Transformationsprozeß 83
Transformationsregel 81

Überbestimmtheit 112
unnormalisiert 52−54, 71
user-view 44−45

Verbindung 1, 14−15, 32, 63, 71, 112, 125, 130, 138
Verbund 84 f
Verschmelzung 150−151
Verschmelzungsprozeß 150
Verwendungsnachweis 126

Widerspruch 52−53, 60, 100, 110, 112, 121
Widerspruchsfreiheit 110

Zeile 33 f
Zeilendimension 161

Zeilenrichtung 134, 142
Zeilensumme 137
zeilenweise 126, 134, 137
zerlegen 39, 61, 66, 69, 71, 87, 96, 104
zerlegt 36−38, 63, 72, 74−75, 79, 92, 111, 129
Zerlegung 23−24, 37, 39, 51, 61, 69−71, 73, 72, 74, 76, 86
Zerlegungsprozeß 60, 64, 72, 75, 92
Zerlegungsschritt 60
Zerlegungsvorgang 64
Zugriffspfad 100, 122
zweidimensional 40, 127−128, 131, 135, 156, 160, 163, 165
Zweidimensionalität 127
zyklische 153, 155−156

Springers Angewandte Informatik
Herausgegeben von Helmut Schauer

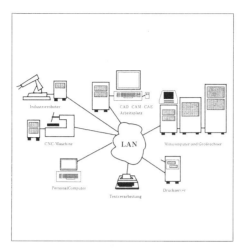

Lokale Computernetze - LAN

Technologische Grundlagen, Architektur, Übersicht und Anwendungsbereiche

Karl Heinz Kellermayr

Lokale Computernetze spielen in den Bereichen Büroautomation, Automatisierungstechnik, verteilte Datenverarbeitung eine immer wichtigere Rolle.

Dieses Buch führt – ausgehend von einem neuen ganzheitlich-systemtechnischen Ansatz – in die Problematik ein. Die überaus große Vielfalt alternativer LAN-Konzepte wird anhand des ISO-7-Schichtenmodells und der IEEE-802-Referenzmodelle übersichtlich dargestellt. Der Systemarchitekt kann dadurch verschiedene Entwurfsmöglichkeiten miteinander vergleichen.

Professionellen Benützern oder Betreibern von betriebsinternen Kommunikationsnetzen sowie Studenten der Fachrichtungen Informatik, Nachrichtentechnik oder Elektronik wird eine wertvolle Übersicht über wesentliche technologische Komponenten, funktionelle Wirkungsweisen, architektonische Gestaltungsprinzipien und typische Anwendungsbereiche lokaler Computernetze vermittelt.

1986. 116 Abb., VIII, 255 Seiten. Geheftet DM 69,–, öS 485,–. ISBN 3-211-81964-9

Springer-Verlag Wien New York

Springers Angewandte Informatik
Herausgegeben von Helmut Schauer

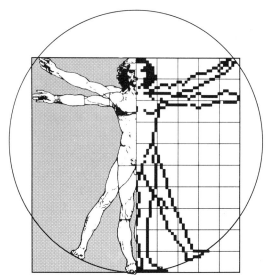

Mensch-Maschine-Schnittstelle in Echtzeitsystemen
Veith Risak

Mensch-Maschine-Schnittstellen (MMS) gibt es, seit der Mensch Werkzeuge und Maschinen benützt. Das begann einst mit Faustkeil, Pfeil und Bogen und reicht heute bis zur Steuerung komplexer Industrieprozesse und Nachrichtennetze.

Von charakteristischen Unterschieden zwischen Mensch und Maschine ausgehend, werden Forderungen an die MMS abgeleitet, und zwar nicht nur für den Normalbetrieb, sondern auch für das Verhalten im Fehlerfall. Der Autor geht auch auf psychologische Fragen ein, die für die Akzeptanz der MMS oft entscheidend sind.

Zur Klarstellung der grundlegenden Problematik der MMS werden nicht nur Schnittstellen zu rechnergesteuerten Systemen behandelt, sondern — am Rande — auch ganz alltäglich MMS, wie z. B. beim Fahrrad, beim Auto oder bei einer Stereoanlage.

1986. 37 Abb. IX, 171 Seiten. Geheftet DM 70,–, öS 490,–. ISBN 3-211-81943-6

Springer-Verlag Wien New York